»Ich weiß, dass Mensch und Fisch in friedlicher Koexistenz leben können«, meinte George W. Bush während eines Angelurlaubs. Für Bären gilt das nicht immer, wie wir von dem ehemaligen bayerischen Ministerpräsidenten Edmund Stoiber wissen, denn »der Problembär, ... der hat um ein Uhr nachts ja praktisch diese Hühner gerissen und stellen Sie sich mal vor ... die Leute wären da raus und wären praktisch jetzt dem Bären, äh, auch praktisch begegnet«. Da könnten ja schon so manchem »einige Eier vom Herzen fallen«, aber keine Panik, es »ist halb so wild, wie es gegessen wird«.

Peter Köhler hat sich im Dschungel der Sprachverwirrungen umgetan und einen unterhaltsamen und vielgestaltigen Wort-Schatz zutage gefördert. Nach Stichwörtern von »Aberglaube« bis »Zukunft« geordnet werden witzige Verdrehungen, fantasievolle Übersetzungen und andere Ausrutscher präsentiert, zum Vergnügen der Leserinnen und Leser, die sich nach der Lektüre gegen solchen Sprachsalat natürlich gefeit wissen und mit Karl Theodor zu Guttenberg sagen können: »Ich schmücke mich nicht mit fremden Fehlern.«

Peter Köhler, geb. 1957, ist Publizist und Satiriker und lebt in Göttingen. Er schreibt u. a. für ›Eulenspiegel‹, ›taz‹ und ›Titanic‹; zahlreiche Buchveröffentlichungen.

Peter Köhler

Augen durch und zu

Versprecher
und andere Sprachunfälle

Deutscher Taschenbuch Verlag

**Ausführliche Informationen über
unsere Autoren und Bücher
finden Sie auf unserer Website
www.dtv.de**

Originalausgabe 2015
© 2015 Deutscher Taschenbuch Verlag GmbH & Co.KG,
München
Das Werk ist urheberrechtlich geschützt.
Sämtliche, auch auszugsweise Verwertungen bleiben vorbehalten.
Umschlagkonzept: Balk & Brumshagen
Umschlaggestaltung: Katharina Netolitzky
Gesetzt aus der Galliard BQ 9,75/12
Satz: Greiner & Reichel, Köln
Druck und Bindung: Druckerei C.H.Beck, Nördlingen
Gedruckt auf säurefreiem, chlorfrei gebleichtem Papier
Printed in Germany · ISBN 978-3-423-34850-8

Inhalt

Dieses Buch verspricht Ihnen »das Grüne vom Ei«
Vorwort

Irgendetwas geht immer schief, und manchmal ist es zum Lachen. Voller Falltüren steckt der Alltag, und die Sprache bietet zahllose Gelegenheiten zu Versprechern, Stilblüten und anderen Unfällen. In der Mediengesellschaft muss ständig gesprochen und geschrieben, gefragt und geantwortet, berichtet und kommentiert werden; wer aber viel redet, kann auch viel Unsinn produzieren und wird, wie die Erfahrung lehrt, nach der Devise »Augen durch und zu« trotzdem weiterreden. Unweigerlich – denn »der Mensch spinnt an, der Zufall webt« – kommt es also zu Pannen, Missverständnissen und Entgleisungen. Das gilt für die Prominenten und die Profis, die das »Nullplusultra« einer von Presse, Radio, Fernsehen und Internet geprägten Kultur sind, es trifft aber auch auf das eigene Leben zu, wo man selbst (oder der nächste Beste) danebengreift, sich verhört, verspricht, verschreibt und es »falsch, richtig falsch« macht. Die pure Masse an Schwuppern und Schusseleien, von denen dieses Buch einige »karibisch vermerkt«, sorgt dafür, dass es keinen Bereich gibt, in dem es nicht unbeabsichtigt, wie von selbst zu allerlei Versehen und Verstößen kommt. Schön, wenn sie komisch sind – und Sie, »hochverpubletes Ehrikum«, statt »sich den Kopf zu raufen« oder »in Schutt und Asche zu laufen«, darüber lachen können!

Zitate von A bis Z

Aberglaube

Ich bin nicht abergläubisch. Das bringt nur Unglück!
Der französische Fußballtrainer Raymond Domenech

Abschied

Professor Henneberg verabschiedete sich von seiner Frau
und drückte ihr einen Fuß auf die Stirn.
*Helene Böhlau: »Das Recht der Mutter«. Fortsetzungsroman in der ›Leipziger
Volkszeitung‹, 1925*

Und jetzt verabschieden Fritz Pleitgen und ich
sich von uns.
Jürgen Engert, Abmoderation des ARD-›Brennpunkts‹, 2.7.1990

Allgemeinbildung

Bei einer Straßenumfrage zeigten sich zahlreiche US-Ame-
rikaner von der Frage überfordert, wie viele Ecken ein Dreieck hat, und konnten nicht angeben, in welchem Land der
Panamakanal liegt. 26 Prozent der Amerikaner wissen nicht,
dass sich die Erde um die Sonne dreht. Jeder vierte hält ein
Gigabyte für ein Insekt, und jeder zehnte glaubt, HTML
sei eine Geschlechtskrankheit.
Nach ›Der Spiegel‹, 10.3.2014

Altenpflege

Das Altenheim Magdalenum hat aufgehört zu existieren.
Alle Heimbewohner sind inzwischen umgelegt worden.
Süddeutsche Zeitung, Ausgabe Fürstenfeldbruck, 2001

Altentherapeutin sucht Voliere oder Stall im Raum Bochum
zu pachten oder zu kaufen.
Anzeige im ›Stadtspiegel‹ (Bochum), 2007

Arbeiterwohlfahrt erhöht Schlagkraft im Pflegedienst
Wilhelmshavener Zeitung, 2006

Alter

Donnerstag, 29.6., 15.00 Uhr Filmveranstaltung für
Rentner: »Der Himmel ruft«.
Schweriner Palette, 1961

Alternativlosigkeit

Es gibt nur eine Möglichkeit: Sieg, Unentschieden oder
Niederlage!
Fußballfunktionär Franz Beckenbauer; auch Berti Vogts zugeschrieben

Ambivalenz

Das ist auch ein zweischneidiges Pferd.
Aus Friederike Kalüttkens Gewäschebuch, zit. in ›Ernstgemeint‹, 1940

Jede Seite hat zwei Medaillen.
Fußballer Mario Basler

Amtliches

In einem öffentlichen Blatte war kürzlich folgende originelle Bekanntmachung zu lesen: »Es merke sich der, der den, der den, den Stadtkirchhof umgebenden Zaun den 14ten dieses beschädigte, anzeigt, die Anzeige, daß er für das Nichtverschweigen des Namens, unter Verschweigung seines Namens, eine der Sache, die die höchste Strafe verdient, angemessene Belohnung, von der Commission, die die allgemeine Ordnung erhalten soll, erhalten soll; zugleich wird hiermit von Neuem das, daß das, das muthwillige Beschädigen betreffende Gesetz, selbst für den sehr streng ist, der den, der den Unfug verübte, kennt und ihn nicht bekannt macht, bekannt gemacht, wonach sich ganz und gar all' und jeder, ganz und gar sich all' und jeder Unordnung schämende gute Bürger, der gewiß wünscht, daß man alle die, die die, die Polizei verhöhnende Frechheit, für die, für die Schönheit unsrer Stadt getroffenen Einrichtungen keinen Sinn zu haben, haben, mit aller Strenge richten möge, richten möge!«

F. M.

»Muster im Style«, in: ›Alles durch einander‹, 1830. In den ›Fliegenden Blättern‹ vom 19. 7. 1885 findet sich unter der Überschrift »Stilblüthe« ein ähnliches Erzeugnis, von dem ebenfalls unentschieden bleiben muss, ob es ein Kunstprodukt oder ein wortwörtlich authentisches Dokument ist: »Der, der den, der die den 10. ds. Mts. errichtete Warnungstafel, daß Niemand etwas in's Wasser werfen soll, selber in's Wasser geworfen hat, anzeigt, erhält eine Belohnung von 10 Mark. Der Schultheiß.«

Ausbilder sind nur für die Ausbildung ausgebildete Mitarbeiter, die vom Auszubildenden beauftragt sind, Auszubildende auszubilden.
Aus dem Berufsausbildungsgesetz der Stadt Hamburg

Verordnung zur Änderung der Verordnung zur Festlegung des Anwendungsbereiches der Verordnung (EWG) Nr. 1191/69 in der Fassung der Verordnung (EWG) Nr. 1893/91 im Straßenpersonenverkehr

Aus einer Verordnung des Bundesministeriums für Verkehr, 2000

Bei starkem Wind darf nicht verbrannt werden. Ebenfalls nicht nach Sonnenuntergang und Sonnenaufgang.

Mitteilungsblatt der Gemeinde Gaufelden, 2014

Dienstweg
Betreten verboten

Schild, zit. nach SPAM auf ›Spiegel online‹, 8. 3. 2014

Anatomie

Der Rücken ist die Achillesferse des Körpers.

Fußballer Lothar Matthäus

Die Wade ist der Blinddarm des Beines.

Niederelbe-Zeitung, 2008

Der Darm – das Auge des Körpers

Aus einer Verlautbarung der Agrar- und Veterinär-Akademie, 2005

Showmaster: Welcher meist runde Körperteil wird durch den Hals mit dem Rumpf verbunden?
Kandidat: Der Bauch.

Geschehen in der RTL-Show ›Der Schwächste fliegt‹. Zit. nach http://www.unmoralische.de/quizshow.htm, 2013

Warum sollen Frauen keine Brüste tragen?!

Fernsehmoderator Andreas Türck auf Pro7, 1999

Anfang

Equal goes it loose.

Bundespräsident Heinrich Lübke zugeschrieben. Er soll den Satz 1965 zu Königin Elisabeth II. vor dem Großen Zapfenstreich im Garten von Schloss Brühl gesagt haben. Der Ausspruch findet sich weder in dem Sammelbändchen ›Worte des Vorsitzenden Heinrich‹ noch auf der Schallplatte ›Heinrich Lübke … redet für Deutschland‹, sondern erst in späteren Stilblütensammlungen. Vielleicht wurde er Lübke angesichts seiner sich häufenden Pannen bei öffentlichen Auftritten vom spottlustigen Volksmund angedichtet.

Rudi Völler stand am Anfang gar nicht auf dem Tablett.

Fußballfunktionär Franz Beckenbauer, ARD-›Sportschau‹, 2002

Arbeitswelt

Die nächste Blondine, die in Cohns Büro spaziert kam, war Marilyn Novak, eine schüchterne, kräftig gebaute Zwanzigjährige aus Chicago, ohne jede Schauspielerfahrung, aber mit einem atemberaubenden Gesicht. Cohn schlug sofort zu.

Magazin der ›Süddeutschen Zeitung‹, 1999. Aus Marilyn Novak wurde Marilyn Monroe.

Eine Stasi-Mitarbeiterin, die im Rang eines Oberfeldwebels Küchendienste (Kartoffelschälen) für ihr Ministerium verrichtet hat, ist als Sachbearbeiterin für Hundesteuer in der Finanzverwaltung untragbar.

Urteil des Berliner Landesarbeitsgerichts, ›Frankfurter Allgemeine Zeitung‹, 1992

Junger, zuverlässiger Mann, nicht unter zwanzig Jahren, als Kackstubenbursche in eine Konditorei sofort gesucht.

Stellenanzeige in den ›Straßburger Neuesten Nachrichten‹, 16. 3. 1908

Deutschsprachige Reinigungskräfte in Herborn für Night-cleaning gesucht.

Stellenanzeige in der ›Dill-Zeitung‹, 2005

Von sieben Tagen die Woche arbeite ich vier, und zwei nehme ich frei.

Verona Pooth

Einer Sekretärin darf nicht gekündigt werden, weil sie sich weigert, während der Arbeitszeit ihrem Vorgesetzten ein Zäpfchen einzuführen.

Von Juristen kolportiertes, angeblich echtes Gerichtsurteil

Branchenüble Bezahlung inklusive

Anzeige im ›Haidhausener Anzeiger‹, 2007

Architektur

In Dresden steht ein Turm, der gleichsam hohl gebaut ist.

Schulprofessor Johann Georg August Galletti (1750–1828)

Die Häuser sind hier so hoch und stehen so enge aneinander, das man gar nicht durch könnte, wenn keine Straße da wäre.

Aus dem Schreiben eines Landedelmannes anlässlich eines Besuchs in der Residenzstadt, zit. nach ›Kuriositäten‹, 1832

Artistik

Man muss den Fuß auf die Beine stellen.

Fußballtrainer Udo Lattek in ›stern TV‹, RTL, 1999

Asyl

Das Sozialamt der Verbandsgemeinde Grünstadt-Land sucht
für die Unterbringung von Obdachlosen / Asylbewerbern
gut erhaltene Kühl / Gefrierkombinationen.
Amtsblatt der Verbandsgemeinde Grünstadt-Land, 2014

Ausrede

Für solche faulen Ausreden müssen Sie sich einen Dümme-
ren suchen, aber den werden Sie kaum finden.
Aus einem Brief an eine Kfz-Versicherung

Auszeichnung

Mit der erstmals vergebenen Günther-Budelmann-Medaille
des Berufsverbandes Deutscher Internisten (BDI) wurden
ausgezeichnet: Prof. Dr. med. Günther Budelmann (…)
Ärztliche Praxis, 1984

Bankwesen

Banker und Finanzberater sind künftig verpflichtet, ehrlich,
redlich und professionell im Interesse ihrer Kunden zu handeln. Erstmals angewandt werden müssen die Vorschriften
spätestens ab November.
Süddeutsche Zeitung, 2007

Befreiung

Jetzt verbarg sich Wilhelm Tell rasch hinter einem Busch, drückte los, und das Werk der Befreiung war getan.
Schulaufsatz von 1926, zit. nach ›Lukasburger Stilblüten‹, 1958

Begrüßung

Hochverpubletes Ehrikum!
Bundestagsabgeordneter Dr. Wolfgang Bötsch (CSU), 17. 9. 1987

Sehr geehrter Herr Präsident, sehr geehrte Frau Tananarive …
Bundespräsident Heinrich Lübke 1966 in Madagaskars Hauptstadt Tananarive bei der Begrüßung des Präsidentenehepaars Tsiranana

Die Stadt Frankfurt begrüßt Sie zur endlosen Ausrundung.
Petra Roth, Oberbürgermeisterin von Frankfurt am Main, bei der Auslosung zur Fußball-WM 2006

Sehr geehrte Damen und Herren, liebe Neger!
Diese Anrede wird Bundespräsident Heinrich Lübke zugeschrieben, sie ist aber nirgends belegt. Wahrscheinlich handelt es sich um eine Erfindung von Journalisten, die den für seine Schwupper bekannten Bundespräsidenten auf einer seiner Afrikareisen begleiteten.

Meine Damen und Herzen!
Radioversprecher, 1990er Jahre

Als Nächstes haben wir einen Zuschauer ins Studio geschaltet, der anonym bleiben möchte. Wen darf ich begrüßen?
Moderatorin Petra Theisen in der Fernsehsendung ›Trend‹, HR3, 1999

Geehrter geschickter Spinnwebe-Navigationsoffizier, Grüße!
Im Namen von der Dominikanischen Republik und Leuten,
erlauben Sie mich zu warm und rückhaltlos, begrüßen Sie
zum Land, das der Größte Navigationsoffizier der Hohen
Meere, Christopher Columbus, am besten liebte, und welcher heute stolz Bären der Name Dominikanische Republik.

*Grußadresse des Tourismusministers der Dominikanischen Republik im Internet,
zit. im »Translation-Poll« der ›Titanic‹, 5/2000*

Beifall

Die hochbeleibte Sängerin wurde mit warmem Aplmus
überschüttet.

Pressemeldung, zit. nach ›Hand aufs Hemd‹, 1976

Bergsteigen

Als Humboldt den Chimborasso bestieg, war die Luft so
dünn, daß er nicht mehr ohne Brille lesen konnte.

Schulprofessor Johann Georg August Galletti (1750–1828)

Berufstätige

Wenn Bückendorf allerdings jemanden neu kennenlernt und
sagt, dass er Bestatter ist, »dann fällt erst einmal eine Kinn-
lade runter«, sagt er. Das gebe sich dann aber schnell, wenn
klar sei, dass er nicht nur die Toten unter die Erde bringe.

Siegener Zeitung, 2014

Dr. med. vet. H. Gaul, Tierarzt
E. Hinterthür, Helferin in Steuersachen

Nach ›Unsere zweite Tochter‹, 1987

Michaela Mogler, Astroposophische Beratung
Nach SPAM auf ›Spiegel online‹, 18.3.2001

Dr. Grausam, Chirurg
Dr. Johannes Fasel, Psychiater
Nach Hesse, 2013

Anja Koetzle, Heilpraktikerin bei bulimio.de,
Praxis für Ess-Störungen
Nach SPAM auf ›Spiegel online‹, 28.12.2013

Dr. Gisela von Hinten,
Frauenärztin und Sexualberaterin
Heinz Kiste, Bestatter
Dr. David Schnarch, Paar- und Sexualtherapeut
Otto Schwanz, Bordellbetreiber
Nach deutschen Telefonbüchern und Zeitungsberichten. Dr. Schnarch hielt am 14.2.2014 in Berlin einen Vortrag über »Intimität und Verlangen – Sexuelle Leidenschaft in dauerhaften Beziehungen«.

Zahnarztpraxis Angstmann
Dr. med. Michael Adebahr, Facharzt für Gynäkologie und
Geburtshilfe
Nach SPAM auf ›Spiegel online‹, 22.9.2014

Der Mediziner und Theologe Dr. Manfred Lutz ist
Mediziner und Theologe.
Thüringer Allgemeine, 2014

Bestätigung

Doris Schröder-Köpf exklusiv zum ›General-Anzeiger‹: Ja.«
General-Anzeiger (Bonn), 2002

Bewunderung

Die Menschen liegen auf Ihren Lippen!
Reinhold Beckmann zu Marcel Reich-Ranicki in seiner ARD-Talkshow, 2001

Bier

Ich trinke Bier jetzt mit ganz anderen Augen.
Zit. nach Jürgen Roth: ›Bier! Das neue Lexikon‹, 1999

Bitte

O hl. Wendelin, du großer Viehpatron, bitte bei Gott für uns.
Grabschrift in Obermais (Südtirol), St. Jörgenkirchlein

Bürgernähe

Die für Donnerstag, 4. September, geplante Bürgersprech-
stunde von Oberbürgermeister Mathias Neuner fällt aus.
Sie wurde auf den zurückliegenden Dienstag, 2. September,
vorverlegt.
Landsberg extra, 3.9.2014

Chance

Sie könnten schon gewonnen haben! Kein Kauf nötig!
Details innenliegend.
Aufdruck auf einer Chipstüte

Jetzt stehen die Chancen 50:50 oder sogar 60:60!
Fußballfunktionär Reiner Calmund

Cholera

Nicht lange mehr, und sie ist da,
Die Wanderpest aus Asia,
Die schreckensvolle Cholera.
Ob ich mich fürchte? Freilich, ja!
Was schon viel Tausenden geschah,
Das blüht auch uns, der Tod ist nah.
Vielleicht, daß diese Pestmama
Uns nicht zum Raube sich ersah,
Und fortzieht nach Italia.
Vielleicht, daß uns der Großpapa
Verschont mit dieser Domina –
Dann sängen wir Halleluja!

*Angesichts der weltweiten Cholera-Epidemie 1831 frohgemut gedichtet von
Samuel Friedrich Sauter (1766–1846)*

Dame

Seine Mutter war eine Dame von der Ferse bis zur Zehe.

Schulaufsatz 1930/31, ›Lukasburger Stilblüten‹, 1958

Dank

Nur ein Wort: Vielen Dank.

*Fußballer Horst Hrubesch. Der Spruch wird auch Andreas Brehme
zugeschrieben.*

Im Namen Gottes des Gütigen, des Barmherzigen
Mit der Gnade Gottes des Allmächtigen und den Anord-
nungen und der Unterstützung Seiner Hoheit des Emirs
von Kuwait und mit dem besonderen Schutz und der Gunst
des Kronprinzen und Premierministers und mit der Unter-

stützung unserer Sportfans und der Hingabe auf seiten der Vorstandsmitglieder und der intensiven Bemühungen des Trainerstabs und der Aufopferung auf seiten der Spieler der Nationalmannschaft waren wir in der Lage, das zu erfüllen, was wir Gott Euch gegenüber versprochen und gelobt und was wir vor Euren Ohren verkündet haben, daß wir den kuwaitischen Fußball aus seiner lokalen und regionalen Umgebung in die Weite und Universalität führen würden. Deshalb danken wir dem Allmächtigen und geloben Seiner Hoheit, unserem Emir und Patron unserer Renaissance alle Liebe und Treue, wie wir Seiner Hoheit dem Kronprinzen und Premierminister unsere tiefe Anerkennung und Dankbarkeit bezeugen und unserem Sportpublikum für seine Unterstützung Dank sagen.

Anzeige des kuwaitischen IOC-Mitglieds Fahad Al-Ahmed Al-Jaber Al-Sabah in ›Der Spiegel‹, 1982

Seraphina war das selbst-bewussteste, fröhlichste und spirituellste Schaf (…)
Ich verdanke ihr als einer sehr besonderen Lebens-Gefährtin wertvollste Einsichten, nachhaltigste Erfahrungen und unvergessliche Momente der Harmonie und des Glücks.
Wir werden uns wiedersehen.
In Liebe und Dankbarkeit
Bernhard F.
im Namen von Tochter Sunshine,
Solara und vieler zwei- und vierbeiniger Freunde

Traueranzeige in der ›Süddeutschen Zeitung‹, 19. 9. 2009, für »Seraphina von der Sonnen-Arche«, »Botschafterin der Nutztiere bei den Menschen«

Dehnübung

Nach sieben erfolgreichen Ärmelkanaldurchquerungen will die australische Schwimmerin Chloë McCardel (29) auf den Bahamas mit 128 Kilometern einen neuen Rekord im Langstrecken aufstellen.
Thüringer Allgemeine, 2014

Denken

Ich weiß nicht, was mein Freund Mitterrand darüber denkt, aber ich denke genauso.
Helmut Kohl

Werner Heisenberg war ein großer Wissenschaftler und Theoretiker. Seine bahnbrechenden Gedanken ersann er meist im Kopf.
Kippe (Leipzig), 2014

Der Kopf ist von den Gedanken her nicht mehr umzusetzen.
Fußballer Friedhelm Funkel

Ich statuiere mit Kant nicht mehr als zwei Kategorien unseres Denkvermögens, nämlich Zaum und Reit – ich wollte sagen, Raut und Zeim.
Schulprofessor Johann Georg August Galletti (1750–1828)

Man macht sich schon sehr, sehr viele Gedanken, und gerade, weil man sich so viele Gedanken macht, habe ich mir in den letzten Tagen einfach sehr, sehr vieles durch den Kopf gehen lassen: dass ich mir nicht so viele Gedanken mache.
Fußballer Thomas Brdaric

Ich denke diese Gedanken gar nicht zu denken!
Rennrodler Georg Hackl vor den Olympischen Winterspielen in Nagano,
ZDF 1998

Denkwürdiges

Der Neffe meiner Tante hat einen Bleistift.
Ostermann/Müller: Lateinisches Übungsbuch, zit. nach ›Ernstgemeint‹, 1940

Die Eier der Henne ergötzen die Töchter der Königin.
Ostermann/Müller: Lateinisches Übungsbuch, zit. nach ›Ernstgemeint‹, 1940

Die Affen aßen ihre Suppe.
Velhagen & Klasings englisches Unterrichtswerk, 1950er Jahre

Ich fange an, meine Schwester zu retten.
Das Bleichgesicht ist vom Indianer verwirrt worden.
Der Wolf knurrt den Geiger an.
Der Zwerg heult den Riesen an.
Aristoteles Onassis zerreißt seine Hose.
Übungsheft eines Schülers der fünften Klasse des Albert-Schweitzer-Gymnasiums
in Kassel, 1967/68

Deutsches

We spoke English – Wir aprachen Deutsches.
Werbetafel eines Restaurants auf Teneriffa, zit. nach ›die tageszeitung‹ (taz),
21. 7. 2012

Wir müssen den Kindern mehr Deutsch lernen.

Der bayerische Ministerpräsident Edmund Stoiber. »Ehrenamtliche wollen Asylbewerbern Deutsch lernen«, lautete 2013 eine Überschrift in der ›Sächsischen Zeitung‹, und der ›Supersonntag‹ aus Aschersleben titelte im selben Jahr: »Kindern wollen lernen«. Kommentar der Satirezeitschrift ›Eulenspiegel‹: »Und Redakteuren brauchen Duden!«

Kein Wunder das die Kinder in der Schule kein Dutsch mehr schreiben können.

Leser-E-Mail von »Lotte« am 29.10.2011 auf taz.de

Coffee to go
Jetzt auch zum Mitnehmen

Schild vor einem Café in Köln-Nippes, 2012

Das ist eine Deusche Kneipe. Hier wird nur Deusch gechprochen

Schild in Celle, 2011

Die Spieler, wo dieser Sprache nicht mächtig sind, die sollen sich dann angewöhnen, das Deutsch zu lernen.

Fußballer Mario Basler

Diebstahl

In Mailand brach ein tauber Dieb in ein Blindenheim ein. Zu Recht ging er davon aus, dass ihn niemand sehen würde. Dennoch wurde er in flagranti ertappt, weil er die Alarmanlage nicht gehört hatte.

dpa-Meldung, 1996

Dilemma

Wer bitter im Munde hat, kann nicht süsspricken.

Aus einem von Kurt Tucholsky 1928 rezensierten italienischen oder italoschweizer Taschen-Notizkalender.

Diplomatie

Der Diplomat ist ein Mensch, der keinen Mund vor das Blatt nimmt.

Die Welt, 2014

Doppelgängerin

Helene-Fischer-Double Victoria gleicht auch optisch ihrem Vorbild.

Stadtoldendorfer Anzeiger, 2014

Doppelzüngigkeit

Die Gegenpartei führt eine spitze Zunge, mit der sie nach vorne ja und nach hinten nein sagt.

Aus dem Reichstag 1932, zit. nach ›Unfreiwilliger Humor‹, 1957

Druckfehler

Lieder sind wir. Unser Vater
schickt uns in die offne Welt.

So lauteten die ersten Verse in Ludwig Uhlands (1787–1862) Manuskript seines ersten Gedichtbandes. Im Vorabdruck der Zeitung aber stand:

Luder sind wir. Unser Vater
schickt uns in die offne Welt.
Auf Uhlands Verlangen korrigierte das Blatt den Druckfehler. Jetzt hieß es:

Leider sind wir. Unser Vater
schickt uns in die offne Welt.
Erneut forderte Uhland eine Korrektur. In der nächsten Ausgabe las er:

Leder sind wir. Unser Vater
schickt uns in die offne Welt.
Da gab Uhland es auf, weitere Berichtigungen zu fordern. (Die Episode ist
anekdotisch überliefert.)

Decimalbrühe st.[statt] Decimalbrüche
Die unbedingte Freßfreiheit st. Preßfreiheit
Blutwürstiger Dietrich st. Blutdürstiger Wütherich
Entsprungen aus dem Geharrn eines Nirren st. Gehirn
eines Narren
›Alles durch einander‹, 1830

Strumpfstricker (statt: stumpfer Stoiker)
›Kuriositäten‹, 1832

Berichtigung: Auf Seite 128 der letzten Nummer soll das
letzte Wort statt Kwerschranke heißen: Schwerkrauke.
Die Schriftleitung.
Wachtfeuer, 12/1921
Berichtigung: Auf Seite 128 soll natürlich das letzte Wort
nicht »Schwerkrauke«, sondern »Schwerkranke« heißen.
Wir bitten den wiederholten Dreckfehler gefl. zu entschul-
digen.
Wachtfeuer, 13/1921

Knallbewohner Ulrich Holbein
aviso, 1/2013. Der Schriftsteller Holbein wohnt im Knüll.

EDV

22 Mio. alte Rechner lagern ungenutzt in jedem dritten deutschen Haushalt.
PC-Magazin, 2014

Das Lebensalter einer Person lässt sich mit Microsofts Tabellenkalkulation Excel recht einfach aus dem Geburtsdatum bestimmen.
Sonntagszeit, 2002

Eheleben

Wenn ich meine Frau nachts wecke, wird sie zur Arie.
Talkgast bei Birte Karalus, RTL 1999

Kaiser Claudius hatte einen schüchternen Charakter.
Er wagte es nicht, seine Frau zu töten.
Aus einem Schulaufsatz, 1960er Jahre

Eine Ehe kann ferner aufgehoben werden, wenn
1. ein Ehegatte sich bei der Eheschließung im Zustand der Bewusstlosigkeit (…) befand;
2. ein Ehegatte bei der Eheschließung nicht gewusst hat, dass es sich um eine Eheschließung handelt.
BGB § 1314, Absatz 2, Satz 1 f

Ehrgeiz

Ich bin motiviert bis an die Zähne.
Rennfahrer Heinz-Harald Frentzen in ›Formel 1: Warm up‹, RTL, 1999

Ehrlichkeit

Das sag ich so offen, wie ich hier sitze.

FDP-Vorsitzender Wolfgang Gerhardt in der ›Hessenschau‹, HR3, 2001

Gerade in einem Spiel, in dem die Nerven blank liegen, muss man sein wahres Gesicht zeigen und die Hosen runterlassen.

Fußballer Alexander Strehmel

Einigkeit

Da gehe ich mit Ihnen ganz chloroform.

Fußballbundestrainer Helmut Schön

Einladung

Wer will noch nicht, wer hat noch mal?

Fußballkommentator Marcel Reif auf Premiere, 2000

Eisenbahn

Begriffsbestimmung des Reichsgerichts vom 17.3.1879:
Eine Eisenbahn ist ein Unternehmen, gerichtet auf wiederholte Fortbewegung von Personen oder Sachen über nicht ganz unbedeutende Raumstrecken auf metallener Grundlage, welche durch ihre Konsistenz, Konstruktion und Glätte den Transport großer Gewichtsmassen, bzw. die Erzielung einer verhältnismäßig bedeutenden Schnelligkeit der Transportbewegung zu ermöglichen, bestimmt ist, und durch diese Eigenart in Verbindung mit den außerdem zur Erzeugung der Transportbewegung benutzten Naturkräf-

ten (Dampf, Elektricität, thierischer oder menschlicher Mus-
kelthätigkeit, bei geneigter Ebene der Bahn auch schon der
eigenen Schwere der Transportgefäße und deren Ladung
u.s.w.) bei dem Betriebe des Unternehmens auf derselben
eine verhältnismäßig gewaltige (je nach den Umständen nur
in bezweckter Weise nützliche oder auch Menschenleben
vernichtende und die menschliche Gesundheit verletzende)
Wirkung zu erzeugen fähig ist.

*In seiner 1951 erschienenen ›Stilfibel. Der sichere Weg zum guten Deutsch‹ paro-
dierte Ludwig Reiners diese umständliche Ausdrucksweise, »Kanzleistil« genannt:
»Ein Reichsgericht ist eine Einrichtung, welche eine dem allgemeinen Verständnis
entgegenkommen sollende, aber bisweilen durch sich nicht ganz vermeiden lassen-
de, nicht ganz unbedeutende bzw. verhältnismäßig gewaltige Fehler im Satzbau
auf der schiefen Ebene des durch verschnörkelte und ineinandergeschachtelte Pe-
rioden ungenießbar gemachten Kanzleistils herabrollende Definition, welche eine
das menschliche Sprachgefühl verletzende Wirkung zu erzeugen fähig ist, liefert.«*

Ich sagte, für eine benachbarte Bäuerin ist die nächtliche
Lokomotivfahrt ein freudiges Ereignis.

*Aus dem polnischen Deutschlehrbuch von Elżbieta Reymont u.a.: Teste dich vor
Matura, 1995*

Elternschaft

Meine Frau und ich sind schwanger.

*Fernsehjournalist Franz Alt, um 1986. Wahrscheinlich handelt es sich um die auf
seinen Wesenskern reduzierte Version eines sperrigeren Zitats, das nach Eckhard
Henscheid/Gerhard Henschel: Jahrhundert der Obszönität, Berlin 2000, so lautete: »1982 waren wir schwanger. Meine Frau und ich haben uns damals gefragt:
In welche Zeit hinein gebären wir eigentlich unser Kind?« Im Jahr 2000 enthüll-
te der Formel-1-Rennfahrer Heinz-Harald Frentzen auf RTL:»Tanja und ich
werden schwanger.«*

Herzlichen Glückwunsch an Marco Kurz. Seine Frau ist
heute zum zweiten Mal Vater geworden.

Fußballer Thomas Häßler

Es gingen eine ganze Weile
Vier große Füße ganz alleine.
Ab sofort gehen Schritt für Schritt
Vier winzig kleine Füße mit.
Geburtsanzeige der Eltern für den neugeborenen Sohn im ›Pullheimer Wochenende‹, 2000

Ich habe gehört, du sorgst auch für Nachwuchs. Wie machst du das?
Ulla Kock am Brink zu Rennrodler Georg Hackl, ›Die Ersten‹, ARD, 1999

Liebe Selina
Herzlichen Glückwunsch zu Deinem 1. Geburtstag
Wir wünschen Dir viel Glück und Gesundheit.
Bleib so wie Du bist
Deine Eltern
Annonce in der ›Mittelbayerischen Zeitung‹, 2000

Ende

Ich habe fertig.
Fußballtrainer Giovanni Trapattoni, 10. 3. 1998

Mit diesen paar Worten möchte ich aufhören, meinen Schluss machen. Es wird, glaube ich, ganz gut … es würde für mich ganz gut sein, wenn ich einige Stunden ins Bett gehe. Guten Morgen, meine Damen und Herren.
Bundespräsident Heinrich Lübke, 1967

Entrüstung

Da muss ich vor Entrüstung den Kopf zusammenschlagen.
Äußerung einer Hausfrau und Mutter, zit. in ›Hand aufs Hemd‹, 1976

Entschädigung

YouGov hat in einer Umfrage die merkwürdigsten Entschädigungsofferten gesammelt. So erhielt ein Mann, dessen maßgeschneiderter Anzug in der Post verloren gegangen war, von der Royal Mail ein Briefmarkenheftchen mit zwölf Marken. Ein wütender Autofahrer, dessen Kfz-Reparatur von einem Mechaniker verpfuscht worden war, was die Kosten um hundert Pfund erhöhte, bekam zum Trost eine Tafel Schokolade. Der Gipfel war jedoch das Angebot an einen unzufriedenen Kunden, er dürfe kostenlos ein Erdmännchen adoptieren.

Der Kolumnist Ralf Sotscheck in seiner Glosse »Ein Erdmännchen zum Trost« in der ›tageszeitung‹ vom 8. 9. 2014

Entschuldigung

Erst mal möchte ich mich hier an dieser Stelle entschuldigen. Es ist natürlich unentschuldbar, dass mir das rausgerutscht ist.

Kaiserslauterns Fußballtrainer Michael Henke im Oktober 2005, nachdem er Erfurter Spieler als »Scheiß-Ossis« beschimpft hatte.

Entsetzen

Gegen den Kostenschuldner August S. konnte ich nicht vorgehen, weil er sich bereits in einer anderen Kostensache erhängt hatte. Nachdem ich diese Feststellung gemacht hatte, ging ich haarsträubend nach Hause.

Bericht an einen Gerichtsvollzieher, datiert 14. 9. 1965; zit. nach Golluch, 2010

Entspannung

Entpacken Sie und spannen Sie sich ab.
Aus einem Prospekt des Istanbuler Side-Hotels, etwa 2006

Einfach nur eine Stunde auf einen sich nicht verändernden Baum starren, beruhigt ungemein.
Aus der Zeitschrift ›Sibylle‹, 1968

Personal und eine Spaßatmosphäre, mist dieser Hostel DER Platz zum Stillstehen eines trägen Kopfes nach der Erforschung eines Tages geworden.
Reklame des Journeys King's Cross Hostel in London, zit. nach www.titanic-magazin.de, 25. 10. 2007

Erfolg

Die gemeinschaftlichen Lieder der Herren Gesse, Hitz und Wach hatten durchschlafenden Erfolg.
Kölner Tagblatt, 1901

Ergebnis

Entscheidend ist, was hinten rauskommt.
Helmut Kohl, 1984. Die zuerst bekannt gewordene Fassung dieses Zitats lautet: »Am wichtigsten ist, was hinten rauskommt.«

Ergriffenheit

Es gab keinen, dem die Gänsehaut nicht meterhoch stand.
Abendzeitung (München), 2007

Bei diesem Lied bekomme ich immer eine Hühnerhaut.
Sänger Andy Borg, ›Schlagerparade der Volksmusik‹, ARD, 2001

Erinnerung

Es war ein unvergessliches Spiel; das wird es auch bleiben
für die nächste Zeit.
Fernsehreporter Harry Valérien bei der Fußball-WM 1986

Erleichterung

Mir sind einige Eier vom Herzen gefallen.
Fußballtrainer Felix Magath

Ernährung

Normalerweise mundet ein Gericht, und wenn es hoch
kommt, ist es ein Genuss.
Süddeutsche Zeitung, 2010

Wo »zuckerfrei« draufsteht, ist noch lange kein Zucker drin.
Eßlinger Zeitung, 2009

Mit vollem Mund isst man nicht.
*RTL-Reporterin in ›Punkt 12‹, 1998. Ähnlich etikettebewusst äußerte sich
Charlotte Roche 1999 als Moderatorin auf VIVA 2: »Neulich hab ich mir
vorgenommen, nie mehr mit vollem Mund zu essen.«*

Wenn es um Ernährung und Gesundheit geht, gibt es keine
Kompromisse – deshalb haben wir diesen Kompromiss ge-
macht.
FDP-Politiker Klaus Kinkel

Ich fühle, dass es zu Ende geht … Schnell das Dessert!

Letzte Worte Josephe Brillat-Savarins (1757–1855), der Schwester des gastronomischen Schriftstellers Anthelme Brillat-Savarin

Etikette

Enthalte dich, so viel wie möglich, zu schlafen, wenn andere reden und töte nie keine Flöhe in Gegenwart anderer Leute.

Aus einem alten Benimmbuch, zit. nach ›Hand aufs Hemd‹, 1976

An der vornehmen Gesinnung und an den feinen körperlichen und geistigen Bewegungen erkennt man den gebildeten Mann – und nicht daran, daß er alle acht oder vierzehn Tage das Hemd wechselt.

Ein Reichstagsabgeordneter zur Zeit der Weimarer Republik. In der Anthologie ›Sehr geehrter Herr Firma!‹ von 1976 wird das Zitat leicht verändert als Brief eines Arno Kleker an einen Herrn Hauck ausgegeben; Datum und Ort des Briefes sind nicht ersichtlich.

Madame, diese Maske macht Sie hässlich, und das haben Sie wahrhaftig nicht nötig.

Fauxpas eines französischen Fernsehmoderators, 1960er Jahre

Dass Grace angespuckt wird, bis der Speichelfluss versiegt, mit schwäbischer Gründlichkeit vergewaltigt und schließlich sogar angepinkelt, sticht sensible Geister im Schuh.

Theaterrezension in der ›Eßlinger Zeitung‹, 2005

Examen

Er bestand seine Prüfung magna charta.

Aus den Korrekturfahnen eines Göttinger Verlags, 2010er Jahre

Teste dein Wissen
Mach ein Fragebogen!
Schild an einer Marktbude, zit. nach SPAM auf ›Spiegel online‹, 6.10.2013

Er hat sein Examen mit halb eins gemacht.
Äußerung einer Hausfrau und Mutter, zit. in ›Hand aufs Hemd‹, 1976

Existenzielles

150 Jahre Haft für den Milliarden-Betrüger Bernard Madoff,
einfach absurd. Der Mann ist 71 Jahre alt, und selbst ein
Kleinkind hätte diese lange Strafe kaum absitzen können.
Bild am Sonntag, 2009

Das Leben ist ein Gewebe aus Dolchen, das man tropfen-
weise trinken muss bis zur letzten Zigarette.
Frankreichs Ex-Premier Michel Rocart, um 1998

I am, I am …
*Heinrich Lübke 1968 bei der Begrüßung der britischen Delegation auf der
Grünen Woche in Berlin*

Fahrzeug

Schmutz-Fahrrad
Laufen des Motorrades
Taschen-Fahrrad
Zerhacker
Gummireifen-Gehäuse
Voller Anhänger
Jonglierter Ball
*Stichwörter in der Rubrik »Motorrad« auf der Webseite des chinesischen
Onlinehändlers german.alibaba.com, 29.9.2014.*

Körperteile

Rubrik in der Kategorie »Auto & Motorrad«, german.alibaba.com, 29. 9. 2014.
Gemeint sind Rückspiegel, Stoßstangen usw.

Mehr als die Schwanzspitze ist es nicht, was BMW derzeit über seine Pläne zum Mini aus dem sprichwörtlichen Sack rauslässt.

Aus der Zeitschrift ›Automobil-Produktion‹, 2005

Familie

Kinder verlassen das Haus. Habe selbst keine, stelle es mir aber schrecklich vor. Welche Selbsterfahrungsgruppe hilft mir?

Annonce in der ›Mainzer Allgemeinen Zeitung‹, 14. 9. 1991

Noch viel stolzer ist das Paar laut eigener Aussage auf seine Kinder Rainer, Angelika und Heidrun sowie seine vier Ekeltöchter.

Lippische Landeszeitung, 2014

Ihre Eltern gaben am 14. 10. 1919 die Beitrittserklärung für die rüstige und unternehmungslustige Rentnerin ab.

Mitgliederzeitung der Göttinger Wohnungsgenossenschaft eG, 1999

Roberto Blanco ist der Onkel seines Bruders.

Hamburger Morgenpost

Suchen zu Weihnachten für unsere Omma wenig strapazierten Ohrensessel (sollte noch ca. zwei Jahre halten).

Kleinanzeige im ›Fränkischen Tag‹, 2006

Uwe B. hat am 25. Mai 1974 seinen Vater zerhackt. Er
beteuert: »Das war 'ne einmalige Tat. Das kommt bestimmt
nicht wieder vor.«
Stern, 1984

Der Unterzeichnete bittet um die Erlaubniß, in Familien-
angelegenheiten zur Viehausstellung nach M. reisen zu
dürfen.
Urlaubsgesuch eines Beamten, zit. nach ›Neues Museum des Witzes‹, 1824

Dann fuhren wir nach Berlin, gingen in den Zoologischen
Garten und besuchten unsere Verwandten.
Schulaufsatz von 1935, zit. nach ›Lukasburger Stilblüten‹, 1958

War er uns Vater oder Mutter?
Todesanzeige in der ›Frankfurter Rundschau‹, 6. 11. 1970

Farbenlehre

Auf schwarzen Bergen sind schwarze Tiere schwarz.
Schulprofessor Johann Georg August Galletti (1750–1828)

Die Stadt ist schwarz voller Menschen in Orange.
Sportreporter Dieter Kürten

Fasten

6 Tage Heilfasten mit Vollpension
Inserat im ›Wochenspiegel‹, 1999

Fauna

Das surinamische Hirschchen ist nicht einmal so groß wie ein kleiner Hase. Sein in Gold eingefaßtes Füßchen wird zum Tabakstopfen gebraucht.

Immanuel Kant: Physische Geographie, 1802 (originale Rechtschreibung)

Wenn sie unter Menschen gebracht werden, so nehmen sie gern starke Getränke, machen ihr Bett ordentlich und decken sich zu.

Immanuel Kant über Orang-Utans in ›Physische Geographie‹, 1802

Showmaster: Nennen Sie ein Tier, das Stacheln hat.
Kandidat: Der Stachelbär.

Geschehen in der RTL-Show ›Familienduell‹. Zit. nach http://www.unmoralische.de/quizshow.htm, 2013

Das Schwein führt seinen Namen mit der Tat, denn es ist ein sehr unreinliches Tier.

Schulprofessor Johann Georg August Galletti (1750–1828). Das Zitat hat ein Echo in einem Schulaufsatz aus dem Jahr 1930, der in den ›Lukasburger Stilblüten‹ von 1958 zitiert wird: »Das Schwein verdient seinen Namen mit Recht, denn es ist auch eines.«

Einbeiniges Pferd entlaufen. Finder erhält Belohnung.

Suchanzeige in ›Leer Aktuell‹, 1994

Das größte Insekt ist der Elefant.

Schulprofessor Galletti (1750–1828)

Hühnergeschrei

Ortsname im Bezirk Rohrbach, Oberösterreich

Man sieht sie nicht, man hört sie nur – die lautlosen Jäger der Nacht.

Südwestrundfunk, 2004

Fehler

Ich schmücke mich nicht mit fremden Fehlern.
Verteidigungsminister Karl Theodor von und zu Guttenberg, Februar 2011

Feier

Morgen wird er heute abend feiern.
ARD-›Sportschau‹, 1982

10.00 Uhr: Ankunft der Rinder
11.00 Uhr: Empfang der Ehrengäste
12.00 Uhr: Gemeinsames Mittagessen
Festprogramm des Rinderzuchtvereins »Prächtig«, zit. nach ›Sehr geehrter Herr Firma!‹, 1976

Film

Beispiele für Filmfehler
In ›Die letzte Versuchung Christi‹ (1988) trägt Jesus ein
Gewand mit eingenähtem Wäscheetikett.
In ›Spartacus‹ (USA 1960) laufen Soldaten in Tennisschu-
hen herum.
In ›Fahrstuhl zum Schafott‹ (Frankreich 1957) hält der Bei-
fahrer eines Sportwagens dem Fahrer vor: »Du fährst ja
140 Stundenkilometer!« Im Rückspiegel sieht man einen
Deux Chevaux. Die »Ente« versucht ständig zu überholen.

Mittwoch, 25. März 1987, 14.30 Uhr Capitol: Filmtag der
sozialistischen Kollektive mit dem Film »Zwei ausgekochte
Gauner«
Sächsische Zeitung, 1987

21.50 Johanna von Orleans. Drama, F/USA 1999.
Mit Johanna von Orleans, König Charles VII., Yolande
d'Aragon u. a.
Programmhinweis der ›Kleinen Zeitung‹ (Graz), 2003

Das Erotik-Drama »Fifty Shades of Grey« sprengt zurzeit
alle Kassenbesucher.
Lüner Anzeiger, 2015

Finanzielles

Zum Leben zuviel, zum Sterben zuwenig
Stuttgarter Zeitung, 1997

Man offerierte mir weit mehr als 200 Millionen Mark. Das
war vor 25 Jahren eine Unmenge Geld.
*Der Kaffee-Unternehmer Albert Darboven in seiner Autobiografie über das
Übernahmeangebot eines Konkurrenten, zit. nach ›Titanic‹, 11/2004*

Ich habe viel von meinem Geld für Alkohol, Weiber und
schnelle Autos ausgegeben. Den Rest habe ich einfach ver-
prasst.
Der nordirische Fußballstar George Best

Ich bin in einer sehr pekuniären Lage.
Äußerung einer Hausfrau und Mutter, zit. nach ›Hand aufs Hemd‹, 1976

An sich nicht erstattbare Kosten des arbeitsgerichtlichen
Verfahrens erster Instanz sind insoweit erstattbar, als durch
sie erstattbare Kosten erspart bleiben.
Beschluss des Landesarbeitsgerichts Rheinland-Pfalz

Abteilung III, Servicebereich Finanzen: Herr Schummel
Wegweiser in der TU Berlin, nach SPAM auf ›Spiegel online‹, 13. 10. 2014

Fischerei

An den Schwänzen zusammengebunden, hängen die Männer die Kabeljaus zum Trocknen auf Holzgestelle.
NDR-Fernsehen, 30.1.2008

In Oklahoma ist der Versuch verboten, an den Binnenseen
des Staates Wale zu fangen.
Zit. nach Blundell, 1986

Fleischerei

Niemals ist in der ganzen Familie Albers (deren Familien-
Oberhaupt noch Schlächtermeister in Hamburg war) zu-
vor ein Tröpfchen Komödiantenblut gewesen. Aber diese
Geschichte eines Aufstieges liefert nur erneut einen Beweis
dafür, welche wertvollen und künstlerisch schöpferischen
Kräfte im deutschen Fleischergewerbe ruhen.
Fleischer-Verbands-Zeitung, 4.1.1932, über den Schauspieler Hans Albers

Fliegen

Am schönsten ist es, wenn du wie ein Vogel fliegst. Dann
fühlst du dich wie ein Fisch im Wasser.
*Die Gleitschirmfliegerin Ewa Wisnierska in der ›Frankfurter Allgemeinen Zei-
tung‹, 2007*

Flora

In Italien wachsen viele Pomeronen und Zitranzen.
Schulprofessor Johann Georg Galletti (1750–1828)

Dort wachsen Riesenbäume, die in kurzer Zeit ein hohes Alter erreichen.

Der Bonner Geografieprofessor Rein über Kaliforniens Mammutbäume, zit. nach Johannes Scherr: Deutsche Kultur- und Sittengeschichte, 1929

Pflanzen wie du und ich

Überschrift in der TV-Beilage ›Prisma‹, 2010

In der Nase gedörrte Aprikosen, Weinbergpfirsich und kleine Ananas (…).

Beschreibung eines »Riesling trocken« in einem Edeka-Markt, 2014

Fortleben

Pepsi holt Ihre Ahnen aus dem Grab

Bedeutung der chinesischen Übersetzung des Slogans »Come alive with the Pepsi Generation« (deutsche Fassung: »Komm zu Pepsi, komm zum Leben«)

Fortschritt

Ich wünsche Ihnen eine gute Entwicklung da unten.

Bundespräsident Heinrich Lübke 1966 auf der Berliner Industrieausstellung zum Abgesandten Mauretaniens. Möglich, dass Lübke der Schalk im Nacken saß, denn er besaß Humor und nahm sich selbst nicht immer tierisch ernst. So sagte er 1965 beim Besuch der Entwicklungshelferschule in Wächtersbach: »Sie können sich denken, daß ich lange nicht mehr in der Schule war … Das geistige Niveau ist natürlich gleichermaßen gesunken.« Die Journalisten waren von dieser selbstironischen Äußerung überfordert und verbuchten sie als peinlichen Ausrutscher.

Fort- und Weiterbildung

Fortbildung zum Thema Analphebitismus

Angebot des Bildungsbüros Heidekreis für den 10. 10. 2011

Wir sind auf Vortbildung von 29. April – 9. Mai
Aushang im Schaufenster eines Geschäfts, zit. nach SPAM auf ›Spiegel online‹, 4.5.2014

Sprachlehrer für Papageien gesucht. Bedingung: Oxfordakzent.
Anzeige in der Londoner ›Sunday Times‹, 1960er Jahre

Fragen

Können Sie schweigen? Dann stellen Sie jetzt Ihre Fragen!
Hera Lind in ›Herzblatt-Spezial‹, ARD, 1998

Ich glaube, wenn man weiß, woran man glaubt, ist es viel einfacher, Fragen zu beantworten. Ich kann Ihre Frage nicht beantworten.
Ex-US-Präsident George W. Bush

Frau

Die Frau ist der beste Freund der Menschen.
Kaffeehändler Albert Darboven nach den Wahlen zum Hamburger Senat 2004 auf dem Sender Phoenix

Die meisten Frauen in unserem Land sind weiblich.
Altbundeskanzler Helmut Kohl

Freizeit

Es ist verboten, auf dieser Spielwiese zu gehen, rennen, stehen, sitzen oder liegen.
Städtische Verordnung in Newquay, Cornwall

Fremdsprachiges

Und nun Joe Cocker mit seinem Hit »N'oubliez pas«, zu
Deutsch: »Never forget«!

Gehört auf dem Karlsruher Radiosender »Welle Fidelitas«, 1999

Ich leite den Wunsch an Sie weiter und bitte um das Studen-
tenlied: Gaudiamus Isidor!

Hörerpost an die Musikredaktion des Bayerischen Rundfunks, zit. nach
Rauch, 1979

The first jump is the Schlüsselstelle.

Skiläufer Markus Wasmeier in einem Interview des US-amerikanischen
Fernsehsenders ABC, 1987

Weder auf Französisch noch auf Englisch noch auf Mexika-
nisch.

Mit diesen Worten weigerte sich der damalige amerikanische Präsident George
W. Bush 2001 auf einer Pressekonferenz in Quebec, eine Frage zu beantworten.

Fremdwort

Jeder Defekt, jedes Nest werden karibisch vermerkt.

VDI Nachrichten, 2013

In den ersten 15 Minuten wirkte die Mannschaft wie paral-
lelisiert.

Fußballreporter Tom Bender auf Premiere, 1999

Die Brasilianer sind ja auch alle technisch serviert.

Fußballer Andreas Brehme als Co-Kommentator bei der WM 1998

Das wird alles von den Medien hochsterilisiert.

Fußballer Bruno Labbadia. Möglicherweise handelt es sich um die griffig gemachte Form einer Äußerung, die ursprünglich in einem Sat.1-Interview von 1994, nachdem der Stürmer für den 1. FC Köln ein Tor gegen den FC Bayern München erzielt hatte, so lautete: »Es war einfach nur das Eins-Null, mehr ist das nicht; es wird wieder alles irgendwo hochsterilisiert.« Übrigens unterlief dem Torhüter René Adler später ein ähnlicher Schwupper, als er sagte: »Das wird alles hochkristallisiert.«

Bei einem Vorstellungsgespräch musst du bleiben, wie du bist, verstehst du? Immer autistisch bleiben!

Gesprächsnotiz, zit. nach Anschütz u. a.: Entschuldigung, sind Sie die Wurst?, 2009

Ich hab ihn nur ganz leicht retuschiert.

Der Fußballer Olaf Thon über ein Foul

Das vorausfahrende Fahrzeug bremste korrupt ab.

Schreiben an eine Kfz-Versicherung, zit. in ›Hessische/Niedersächsische Allgemeine‹, 12. 11. 2007

Friedhof

Der bekannte Hofrath Jung-Schilling wurde einige Jahre nach dem Tode seiner Gattin Prorektor der Universität Marburg, und besuchte einst mit einigen auswärtigen Freunden den Todtenhof, um ihnen die Ruhestätte seiner theuern Gattin zu zeigen. Der alte Todtengräber deutete auf den Hügel der Längstverstorbenen, und sagte pathetisch: »Hier ruht die seelige Frau Hofräthin und nunmehrige Frau Prorektorin Jung.«

Kuriositäten, 1832

In diesem kleinen Gräbelein
Da liegt mein liebes Hänselein.
Selbst gemacht.

Axams (Tirol), zit. nach ›Grabschriften und Marterln‹, 1898

Hier ruht der ehrsame Junggesell Alois Festini von Cahama-
hango, welcher in der Fremde unter einer kleinen Schnee-
lawine seine wahre Heimat gefunden hat am 18. Dez. 1871.

Dornauberg (Tirol), zit. nach ›Grabschriften und Marterln‹, 1898

In Muncia, Indiana, ist es verboten, Angelgerät über den
Friedhof zu tragen.

Zit. nach Blundell, 1986

Frühsport

Wo trifft man Ludwig Georg Braun am Morgen? Im Forst
um die nordhessische Kleinstadt Melsungen. Dort legt der
designierte Präsident des Deutschen Industrie- und Handels-
tages (DIHT) schon vor dem Aufstehen zehn Kilometer zurück.

Die Welt, 2000

Funktionalität

Es stört ja nicht, solange nichts stört.

Diskuswerfer und Goldmedaillengewinner Robert Harting, 7.8.2012

Herzlichen Glückwunsch zum Kauf Ihres neuen BLISS-
Haartrockners. Sie haben ein modernes und zuverlässiges
Gerät gekauft, mit dem Sie jederzeit köstliches, frisches Brot
backen können.

Aus der Bedienungsanleitung für einen Föhn, um 2001

Fußball

Da hab ich gedacht, ich tue ihn ihm rein in ihm sein Tor.
Fußballspieler Horst Hrubesch

Ich verstehe durchaus etwas vom Fußball, ich kenne sehr wohl den Unterschied zwischen einem Strafstoß und einem Elfmeter.
Helmut Kohl 1984 bei einem Treffen mit Sportlern in Kaiserslautern

Es steht jetzt 1:1, das Ergebnis ist damit fast auf den Kopf gestellt.
ARD, 25. 10. 1986. Ein Vorläufer findet sich in einem Schulaufsatz, der in den ›Lukasburger Stilblüten‹ (1958) zitiert wird: »Das Resultat war 0:0, aber beide Mannschaften waren derart ausgeglichen, daß das Resultat auch hätte umgekehrt lauten können.«

Nun treffen die Tschechen in Börmingheim auf Portigaul.
ARD-Sportreporter Heribert Faßbender, Fußballeuropameisterschaft 1996 in England

Costa Rica kam zum Erfolg wie die Mutter zum Kind: Die als Geheimfavorit gehandelten Uruguayer ließen sich schlicht übertölpeln.
Kieler Nachrichten, 2014

Dürnberger schießt, aber etwa sechs bis sieben Minuten am Tor vorbei.
Bayerischer Rundfunk (Radio), 6. 11. 1974

Andreas Brehme: Also bei mir geht das mit dem linken Fuß genauer und mit dem rechten fester.
Moderator: Und mit welchem Fuß schießen Sie jetzt auf die Torwand?
Brehme: Ja, mit dem rechten!
Vor dem Torwandschießen im ›Aktuellen Sportstudio‹ des ZDF

Meine Spieler standen heute neben ihren Füßen.
Fußballtrainer Eduard Geyer

Die Geburt eines kräftigen Fußballspielers zeigen hocherfreut an Kurt Bänisch u. Frau Gertrud.
Anzeige in der ›Stralsunder Zeitung‹, 1922

Fußball ist wie Schach, nur ohne Würfel.
Angeblich ein Ausspruch des als nicht sehr gescheit geltenden Fußballspielers Lukas Podolski, tatsächlich ihm in den Mund gelegt vom gescheiten Satiriker und Fernsehmoderator Jan Böhmermann.

Gartenpflege

Ich hab's mir angewöhnt, dass ich jeden Tag in der Früh in den Garten schau und vielleicht eine Blume hinrichte.
Edmund Stoiber

Suche feinfühlige Gartenhilfe mit Kettensäge für 8. u. 9. 10.
Kleinanzeige in der ›Rotenburger Rundschau‹, 2013

Wer reißt Holzlaube ab und baut diese wieder auf?
Annonce in der ›Liberal-Demokratischen Zeitung‹ (Halle), 7.7.1965

Gastfreundschaft

Den Charakter von Brunhilde K. haben wir nicht ganz gekannt. Aber sie hat alle Eigenschaften der Gastfreundschaft: anfangs sehr zuvorkommend, später phlegmatisch, frech und ordinär.
Zeugenaussage, zit. nach ›Zeugen liegen bei‹, 1976

Gastronomie

Da wir unsere Gäste immer frisch zubereiten, bitten wir um
Verständnis, daß wir Bestellungen erst ab vier Personen an-
nehmen können.

Anzeige des Kasseler »Landhauses Meister« im ›Extra Tip‹, 12.11.1997

In New Jersey ist es verboten, Suppe in einem Restaurant zu
schlürfen.

Zit. nach Blundell, 1986

19.10. Weinverkotung mit 5-Gänge-Menü

Annonce in der ›Berliner Morgenpost‹, 2013

Mobbi Dick

Name eines Fischrestaurants in Hildesheim, 2013

Original chiersichesescen.
Von 3€ 6€ 9€ Super Lecker!!

Aushang am Erfurter Anger, zit. nach ›Eulenspiegel‹, 11/2014

Gebrauchsanleitung

Aufschrift auf der Unterseite einer Tiramisu-Packung von Tesco's:
Nicht umdrehen

Beipackzettel des Schlafmittels Nytol:
Kann Schläfrigkeit hervorrufen

Hinweis auf einer Tischlerfräse:
Nicht zum Zähnebohren geeignet

Anweisung auf einem Kinderwagen:

Kind vor dem Zusammenklappen entfernen

*Information zu den elektrischen Weihnachtskerzen der japanischen
Firma Hakunaka:*

Mit sensazionell Modell ZV 37 Sie bekome nicht teuto-
nische Gemutlichkeit fuer trautes Heim nur, auch Erfolg als
moderne Mensch bei anderes Geschleckt nach Weihnacht-
gans aufgegessen und mehr, weil Batterie viel Zeit gut lange.

Hinweis auf der Verpackung einer LED-Kerze:
Warnung! Vor Gebrauch die Verpackuen. Ang enfernlle re-
levanten Infomation sogfältig aufbewahren.

Geburtstag

Zum Geburtst=g wünschen wir Ihnen alles Gute und eine
extra große Portion Gl=uuml;ck!
Geburtstags-E-Mail von GMX, 2013

Gedenktag

Der 18. März 1848 ist einer der bedeutendsten Tage in der
deutschen Demokratiegeschichte. Er steht stellvertretend für
den 27. Mai (Hambacher Fest 1832), den 18. Mai (Frankfurter Paulskirche 1848), den 27. Dezember (Verabschiedung
der Grundrechte in der Paulskirche 1848) und nicht zu vergessen: die vielen Daten der Revolution in Baden 1848/49.
Zeitungsanzeige der »Aktion 18. März« in der ›tageszeitung‹, 17. 3. 2012

Geduld

Die Hamburger SPD glaubte deshalb, nur abwarten zu müssen, bis ihr die Macht wieder in den Schoß fallen würde wie reife Aalsuppe.
Frankfurter Allgemeine Zeitung, 2004

Hans Peter Schwarz: »Adenauer. Der Aufstieg: 1877–1952«. Deutsche Verlags-Anstalt, Stuttgart 1986
Buchanzeige, 1986

Gefühl

Hören Sie auch auf Ihr Gefühl. Immerhin gilt der Bauch mit seinen Abermillionen Nervenzellen als der eigentliche Sitz des Gehirns.
Mallorca Magazin, 2006

Da sind meine Gefühle mit mir Gassi gegangen.
Fußballspieler und -trainer Jürgen Klinsmann

Gegeigtes

Katrin
Durch unser Herz zieh'n Wellen hin,
Gelächter kommt und geigt,
das Leben läßt uns nicht entfliehn,
wir sind gerankt, gegeigt
wir zwei, wir zwei – Katrin.
Karl Gerold (1906–1973). Karl Gerold war Herausgeber und Chefredakteur der ›Frankfurter Rundschau‹ und verstand sich außer als linksliberaler Journalist als tiefgründiger Dichter, der seine Lyrik auf Seite 3 der ›Rundschau‹ abdrucken ließ. 1971 wurde er mit der Goethe-Plakette ausgezeichnet.

Geistesgegenwart

Die Frau bemerkte das Fehlen der Geldbörse erst,
nachdem diese verschwunden war.
Neue Württembergische Zeitung, 2014

Gelassenheit

Die Weißgekleideten haben alle Ruhe der Zeit.
ARD-Reporter beim Spiel 1. FC Nürnberg – Hannover 96
in der Fußballbundesliga-Radiokonferenzschaltung vom 13. 8. 2011

Es ist halb so wild, wie es gegessen wird.
Äußerung einer Hausfrau und Mutter, zit. nach ›Hand aufs Hemd‹, 1976

Das sollten Sie aber nicht so heiß essen, wie es aus seinem
Munde gekommen ist.
Börsenexperte Michael Mross

Geografie

In Nessen-Haussau … Verzeihung: Hassen-Nessau … ich
verbessere: Nassen-Hessau …
Radioversprecher, zit. nach Franke, 1996

Der Rhein ist Deutschlands schönster Strom, stolz wie ein
König wälzt er sich in seinem Bette.
Schulaufsatz von 1928, zit. nach ›Lukasburger Stilblüten‹, 1958

Mailand oder Madrid – Hauptsache Italien!
Fußballer Andreas Möller, 1998

Wir müssen uns immer vor Augen halten: Deutschland ist und bleibt Frankreichs Nachbar. Dasselbe gilt aber auch umgekehrt.

Der CDU-Vorsitzende Rainer Barzel, um 1970

Litauen ist neben Estland und Lettland die größte der drei Baltenrepubliken.

Gehört auf dem Spartensender Sport 1

Ich habe einen Film über China gesehen – vielleicht eine Viertelstunde lang. Da kriegst du eigentlich alles mit, was so ein Land zu bieten hat.

Rennfahrer Michael Schumacher

Der Ätna ist ein aktiver Vesuv.

Schüleräußerung, zit. nach ›Ein Geräusch klopft an die Tür‹, 2014

Kennst du das Land,
Wo die Lianen blühn
Und himmelhoch
Sich rankt des Urwalds Grün?
Wo Niagara aus dem Felsen bricht,
Und Sonnenglut den freien Scheitel sticht?
Kennst du das Land,
Wohin Märtyrer ziehn,
Und wo sie still
Wie Alpenröslein glühn?
Kennst du das Land, kennst du es nicht?
Die zweite Heimat ist's, so mancher spricht!

Der »schlesische Schwan« Friederike Kempner (1836–1904)

In der Sahara liegt der Sand so locker, daß heute da Berge sind, wo morgen Täler waren.

Schulprofessor Johann Georg August Galletti (1750–1828)

Amerika ist, wenn Sie so wollen, ein Kontinent.
Helmut Kohl

Geometrie

Je mehr Ecken ein Dreieck hat, desto schwerer ist es zu zeichnen.
Schüleräußerung, zit. nach ›Professor Mammuts Stilblüten‹, 1999

Das ist die Quadratur des Würfels!
Talkgast bei Hans Meiser, RTL, 1999

Ein Kreis ist ein rundes Quadrat.
Kindermund

Viereckig im Sinne des Wahlgesetzes ist jeder achteckige Kasten.
Bis Anfang des 20. Jahrhunderts durften zum Stimmensammeln Hüte, Kochtöpfe und Ähnliches verwendet werden. Erst 1913 legte der Reichstag fest, dass ausschließlich Urnen zum Einsatz kommen. Diese Urnen sollten viereckig sein. Der Legende zufolge reichte ein Jurist, der nachgezählt hatte, Klage ein, woraufhin es zu obiger Begriffsbestimmung kam.

Geschäft

Auf Wunsch zerhaue ich meiner Kundschaft die Knochen.
Aushang im Laden eines Metzgermeisters, zit. nach SPAM auf ›Spiegel online‹, 12.4.2014

Ich bin zu mieten für:
• 50,– € pro Tag
• 120,– € für eine Woche
• 300,– € für die ganze Woche
Inserat in ›MotorradTreff Spinner‹, 2004

Ueber die Expedition eines öffentlichen Schreibers in Paris, Namens Renard, steht folgende Aufschrift: »Renard öffentlicher Schreiber, übersetzt die Sprachen, erklärt die Blumensprache und verkauft geschmorte Kartoffeln.«

Kuriositäten, 1832

Geschichte

Showmaster: Mithilfe welcher Tiere überquerte Hannibal die Alpen?
Kandidat: Lamas.

Geschehen in der RTL-Show ›Wer wird Millionär?‹. Zit. nach http://www.unmoralische.de/quizshow.htm, 2013

Hermann der Etrusker

Versprecher, mitgeteilt von Leuninger, 1996

Wer sich als Historiker nicht mit der Vergangenheit beschäftigt, ist irgendwie fehl am Platz.

Dimensionen – Die Welt der Wissenschaft, Radio Ö1, 25.4.2001

Geschlechtliches

Ich bin in Rüsselsheim als Sohn eines Opel-Arbeiters geboren.

Andrea Ypsilanti, SPD-Spitzenkandidatin im hessischen Landtagswahlkampf, Januar 2008

Da geht ein großer Spieler, ein Mann wie Steffi Graf!

Sportreporter Jörg Dahlmann

Schaufensterpuppe, männlich, mit Ständer, wie neu,
ca. 1,90 m hoch, zu verkaufen.
Anzeige in den ›Kieler Nachrichten‹, 2008

In Georgia ist den Modegeschäften das Entkleiden von
Schaufensterpuppen nur hinter zugezogenen Vorhängen
gestattet.
Zit. nach Hesse, 2013

Gesellschaft

Die Oestmanns sind keine Akademiker, sondern einfache,
ehrliche Leute.
Hamburger Morgenpost, 2014

Gesundheit

Und wie leicht die Lösung des Problems sein kann, schilder-
te Beate D. von der Selbsthilfegruppe Wilhelmshaven: »In
meiner Gruppe hatte ich zwei Frauen mit einer Reizblase.
Die eine ließ sich scheiden, bei der anderen starb der Mann.
Danach ging es beiden besser.«
Süddeutsche Zeitung, 1998

Gesunder Schlaf hilft bei Schlafstörungen
Hannoversche Allgemeine Zeitung, 2010

Wer gesund ist, erträgt Krankheiten leichter.
MMW-Fortschritt der Medizin, 2011

Dabei wird Dr. Barsch den Vortrag »Es tröpfelt – Blasen-
und Muskelschwäche« halten. Der ursprünglich für Montag-
abend angekündigte Vortrag »Unser täglich Wasser gib uns
heute« findet zu einem späteren Zeitpunkt statt.
Neue Presse (Coburg), 1997

Sie wünsche sich, »dass Behinderung Normalität ist«,
antwortete Malu Dreyer auf die Frage nach ihrer Vision.
Die damalige rheinland-pfälzische Sozialministerin laut ›Rheinpfalz‹, 2008

Getränk

Hat die Farbe Herbstgoldes, den Geschmak der Sommer-
früchte und den Geruch des Frühlingsmorgens. Das ist das
Schaumwein ›Eselmilch‹ – das wein aller Saisonnen. Du er-
lebst die Freude und Genub noch vor dem Kosten. Nach
dem ersten Schliuck die Welt liegt unter Deinen Beinen.
Flaschenetikett einer bulgarischen Sektmarke, 2005

»Ahl Schabrack«, Kräutertee für selbstbewusste alte Damen,
für Klarheit und innere Kraft.
Anzeige in ›Schrot und Korn‹, 2009

Glück

Im Rachen des Krokodils wurden die Beine des Opfers fast
unversehrt gefunden.
›Bild‹-Zeitung

Wir haben leider nicht das Glück gehabt, kein Pech zu
haben.
Der nordische Kombinierer Eric Frenzel, 24. 2. 2014

Grammatisches

Er rufte einen seiner Leute (…).
Friedrich Schiller: Merkwürdiges Beispiel einer weiblichen Rache, 1785

Machiavelli stößte die alte Weltordnung um.
Klaus Grimme: Die Funktion der Staatsidee und die Bedingungen ihrer Wirklichkeit, in: Archiv für Rechts- und Sozialphilosophie, 1978

Er kannte sie auch nicht können!
Professor Rudolf von Thadden in einer Vorlesung, Göttingen 20. 11. 1979

Voll oberbürgermeisterlichen Stolzes schwellte das Herz von Verwaltungschefin Angelika Volquartz (CDU).
Kieler Nachrichten, 2008

Außenspiegel gestriffen und weitergefahren
Fränkischer Tag, 2013

Gramatik üben
Verdener Aller Zeitung, 2012

Größe

Die Telekom, sie ist eine der drittgrößten Telefongesellschaften der Welt.
Die Finanzjournalistin Barbara Sternberger-Frey auf HR 3, 10. 10. 1996

Harmonie

Ich fühle mich harmoniebedürftig wie ein Kinderpopo.
Hera Lind in der Fernsehsendung ›höchstpersönlich‹, HR 3, 1999

Haushalt

Bitte kein dreckiges Geschirr in die Spülmaschine räumen.
Aushang der Volkshochschule Köln, nach SPAM auf ›Spiegel online‹, 10. 8. 2014

Die richtige Lagerung ist entscheidend für die Haltbarkeit eines Lebensmittels. Das gilt auch für den Verbraucher.
Frankfurter Rundschau, 2012

Homosexualität

Homosexualität ist ein völlig normales Sexualverhalten, was allenfalls von der Norm abweicht.
Ole von Beust in der ›Welt‹, 2003

Hunde

Ein Hund hat nun mal vier Beine – der braucht vier Paar Schuhe.
Moderatorin Ilona Christen, RTL 1998

Man kann dem Hund den Knochen aus dem Maul nehmen, und er spricht kein Wort.
Fernsehsendung ›Tiere suchen ein Zuhause‹, WDR, 1999

Horst Seehofer, der ja Hund und Schwanz in Personalunion verkörpert und gleichzeitig mit beidem wedeln kann, zählt doppelt.
Der Tagesspiegel, 2013

Nach dem Abkoten bleibt der Kothaufen grundsätzlich eine selbständige bewegliche Sache, er wird nicht durch Verbinden oder Vermischen untrennbarer Bestandteil des Wiesengrundstückes, der Eigentümer des Wiesengrundstückes erwirbt also nicht automatisch Eigentum am Hundekot.

Deutsche Verwaltungspraxis, 1994

Nicht erlaub the Haustiere – Ausser Hunden des Führers

Verbotsschild eines Hotels auf Fuerteventura, zit. nach taz, 30. 7. 2012

Das Auslaufen von Hunden auf dieser Wiese ist verboten.

Schild auf dem Postgelände in Berlin-Tempelhof, 2013

Hygiene

Ihr Geschäft ist unser täglich Brot.

Aushang an einer Baustellentoilette in Walsdorf/Oberfranken, 2009

Gewähren Sie bitte Ziet für Toilette, wieder zu füllen, vor wieder erröten. Danke.

Hinweisschild im irischen Waterville, Grafschaft Kerry, 2012

Sind Sie in gutem Geruch?

Frage der ungarischen Zeitung ›Blikk‹ an die Popsängerin Madonna, 1996. Das Blatt übersetzte seine Fragen aus dem Ungarischen ins Englische und Madonnas englische Antworten zurück ins Ungarische. Anschließend wurde das ganze Interview für eine US-amerikanische Zeitung ins Englische übersetzt. Der ›Spiegel‹ druckte in seiner Nummer 21 von 1996 Kostproben daraus.

Ja zur Toilettenbenutzung.

Oberbayerisches Volksblatt, 2014

Der Heilige Stuhl soll sauberer werden.

Schlagzeile im ›Göttinger Tageblatt‹, 2011

Identität

Als ich Sie von ferne sah, Herr Hofrat Ettinger, glaubte ich, Sie wären Ihr Herr Bruder, der Buchhändler Ettinger, als Sie jedoch näher kamen, sah ich, daß Sie es selbst sind – und jetzt sehe ich nun, daß Sie Ihr Herr Bruder sind.
Schulprofessor Johann Georg August Galletti (1750–1828)

Holger Stromberg, Chefkoch der deutschen National-mannschaft, zeigt sein wahres Gesicht: Die perfekte Curry-wurst!
Genuss Journal für feine Lebensart, 2009

21.45 Sabine Christiansen. Thema: Beginnt in NRW das Ende von Rot-Grün?
Mit Angela Merkel (Angela Merkel), Kurt Beck (Kurt Beck), Gunda Röstel (Gunda Röstel), Wolfgang Gerhardt (Wolf-gang Gerhardt)
Programmhinweis im ›Hellweger Anzeiger‹, 2000

Auf dem Bild in unserer Sonntagszeitung waren nicht Prin-zessin Stephanie von Monaco und ihre Schwester Caroline zu sehen, sondern ein Dinosaurier-Modell auf einem Kauf-haus in Hannover. (…) Wir bitten, den Fehler zu entschul-digen.
Main-Echo, 1997

Wenn einer als Pferd geboren wird, so kann er das nicht än-dern. Er bleibt ein Pferd, bis er stirbt.
Schulprofessor Karl Joachim Marquardt (1812–1882), zit. nach: ›Das größte Insekt ist der Elefant‹, 1965.

Ein Pferd ist ja kein Gegenstand, aber auch noch kein richti-ger Mensch.
Richter Eugen Menken in ›Streit um drei‹, ZDF, 1999

Ich bin eigentlich ganz anders. Nur habe ich leider überhaupt keine Zeit dazu.

Fußballtrainer Berti Vogts

Die Wirbelsäule ist ein zusammengesetzter Knochen, der den Rücken hinunterläuft. An ihrem oberen Ende sitzt der Kopf, am unteren Ende sitze ich.

Klassisch gewordenes Zitat aus einem Schulaufsatz von 1934, zit. nach ›Lukasburger Stilblüten‹, 1958. Meist wird das Adjektiv »zusammengesetzter« weggelassen.

Intelligenz

»Wer täglich Gehirnjogging macht, der erhöht nicht nur seine Merkfähigkeit. Auch der IQ steigt auf fünf bis zehn Punkte«, sagt Medizinpsychologe Lehrl.

Frankfurter Rundschau, 2005

Inzest

Nach kurzer schwerer Zeit verstarb mein lieber Mann, Vater, Sohn, Schwiegersohn, Bruder, Schwager und Onkel.

Todesanzeige im ›Göttinger Tageblatt‹, 28. 9. 2013. Kein Einzelfall in der Leinestadt; in derselben Nummer wird auch Abschied genommen »von meinem lieben Mann, guten Sohn, Schwiegersohn, Schwager und Onkel« bzw. »von meiner lieben Mutter und Großmutter«. Oder, um einen beliebigen anderen Tag herauszugreifen: Am 22. 2. 2014 heißt es Abschied nehmen »von meiner lieben Frau, Mutter, Schwiegermutter, Oma und Schwester«.

Jagd

In Kalifornien braucht man eine gültige Jagderlaubnis, um eine Mausefalle aufstellen zu dürfen.

Zit. nach Blundell, 1986

Die Eröffnung der Hirschjagd ist in den US-Bundesstaaten
New York und Wisconsin durch den Tod von neun Jägern
überschattet worden. Im Bundesstaat New York wurden zwei
von ihnen irrtümlich erschossen, meldete der Sender WNBC.
Westfälische Nachrichten, 2000

Tragischer Jagdunfall. Vater von zehn Kindern erschossen /
Wurde mit Kaninchen verwechselt.
The Milwaukee Sentinel, 4.10.1948

Jahreszeiten

Ein Frühling macht noch keinen Sommer.
Fußballtrainer Peter Neururer

Unter den Linden
Die Blätter der Bäume fallen
Die herrlichen Linden entlang.
In allen Farben und Formen
Bestreut ist der reizende Gang.
Ihr Blätter und Bäume und Menschen,
Verschieden an Farbe so sehr:
Ein Windstoß weht alles zusammen,
Man merkt keinen Unterschied mehr!
Friederike Kempner (1836–1904)

Die witterungsbedingte Jahreszeit ist da!
Anzeige in der ›Neuen Osnabrücker Zeitung‹, 2003

Mai des Herbstes wirft Schatten voraus.
Rhein-Neckar-Zeitung, 2010

Jenseitiges

Der Mensch, der gestorben ist, denkt über den Tod ganz anders.

Stefan Andres: Der Taubenturm, 1966

Wie jung hast Deine Lieder Du
in diese Welt gelassen!
Kannst Du in tiefer Grabesruh'
noch neue Klänge fassen?

Epigramm von Julie Schrader (1881–1939) auf Franz Schubert. Die, entspre-
chend dem »schlesischen Schwan« Friederike Kempner, in den 1970er und 1980er
Jahren als »welfischer Schwan« gefeierte Julie Schrader hat die unter ihrem Na-
men verbreiteten Gedichte höchstwahrscheinlich nicht selbst verfasst. Der wahre
Autor ist vermutlich der Herausgeber, ihr Großneffe Berndt W. Wessling. Un-
ter dem Warenzeichen der unfreiwilligen Komik konnte er verkaufen, was als
artifizielle sich nicht durchgesetzt hätte und als Parodie um Jahrzehnte zu spät
gekommen wäre. Wie auch immer: Viele ihrer bzw. seiner Gedichte sind beste
humoristische Lyrik.

Justiz

In Las Vegas ist es nicht erlaubt, sein Gebiss zu verpfänden.

Zit. nach Hesse, 2013

Die beleidigende Äußerung, welche ich über Frl. Anna
Munkelbeck gemacht habe, nehme ich zu meinem größten
Bedauern zurück.

Clever Kreisblatt, 8. 6. 1904

Das bedeutet aber nicht, dass deshalb die Anfechtung einer
Anfechtung der Annahme hinsichtlich der Anfechtungsfrist
wie die Anfechtung einer Ausschlagung und die Anfechtung
einer Anfechtung der Ausschlagung wie die Anfechtung
einer Annahme behandelt werden müssen.

Entscheidung des Bayerischen Oberlandesgerichts, zit. nach Hesse, 2009

Das Gericht wolle erkennen, der Beklagte sei schuldig, mir für die von mir für ihn an die in dem von ihm zur Bearbeitung übernommenen Steinbruch beschäftigten Arbeiter vorgeschossenen Arbeitslöhne Ersatz zu leisten.

Juristisches Lehrbuch, um 1930

Aus dem grundgesetzlichen Schutz von Ehe und Familie folgt kein Recht auf Beendigung der ehelichen Gemeinschaft durch Suizid eines Ehepartners.

Kammerbeschluss des Bundesverfassungsgerichts, 2009

In Kirkland, Illinois, ist es Bienen verboten, die Stadt zu überfliegen.

Zit. nach Blundell, 1986

Frage: Was bedeutet das »kann nicht« im § 399 BGB?
Antwort: Das ist eine Kannbestimmung.

Dialog in einem Jura-Staatsexamen, überliefert von Oberlandesgerichtsrat Claus Seibert aus Hamm, zit. nach Heindl/Schambeck, 1979

Kalendarisches

Er hat mir gesagt, Ende August ist er im September.

Versprecher, zit. nach Leuninger, 1993

Und der 29. Februar ist einen Tag länger als der 28. Februar.

Quizmaster Jörg Pilawa in der ARD, 2002

Seit Wiedereinführung der Sommerzeit im Jahre 1980 haben sich laut Umfragen die meisten Menschen hierzulande daran gewöhnt. (…) Auch den Tieren schadet die Umstellung nicht.

Geislinger Zeitung, 1997

Genießen Sie diesen ersten Montag in der Woche!
Redakteurin Sabine Steuernagel in ›Hallo Niedersachsen‹, NDR, 1999

Karriere

Potanzilale erkennen
Ziele dauerhaft erreichen
Reklame der Vivacis Consulting, 2012

Ich suche noch einen Partner für meine Solokarriere.
Anke Engelke auf Sat.1, 1998

Käse

Ein Mann der sehr gut mit Anfertigung des Käse Bescheid
weiß, bietet sich als ein solcher an.
Zeitungsanzeige, zit. nach ›Alles durch einander‹, 1830

Kausalität

Eine Ursache kann begrifflich nur gegeben sein, wenn eine
Folge vorliegt, da sie ihrem Wesen nach erst mit der Folge
entsteht. Mittelbare Folgen sind Folgen unmittelbarer Folgen. Demzufolge kann eine mittelbare Ursächlichkeit nur
bestehen, wenn eine unmittelbare Folge der Ursache zu weiteren Folgen geführt hat. Unter mittelbarer Ursächlichkeit
ist also das Hervorrufen von Folgen eines Ereignisses oder
Zustandes zu verstehen.
Bundesverordnungsblatt, 1966

Kindheit

Meine Kindheit war nicht das Rosarote vom Ei.
Talkgast bei ›Hans Meiser‹, RTL

Klasse

Der FC Bayern ist wirklich das Nullplusultra im deutschen
Fußball.
Fußballtrainer Friedhelm Funkel

Kleidung

Kleidung nicht am Körper bügeln.
Aufkleber auf einem Bügeleisen

Müssen es denn immer diese teuren Klamotten sein, wo
man den Preis mitbezahlt?
Talkgast bei Andreas Türck (Pro7), 1999

Kommunikation

Normalerweise ick lasse nichte kommen die Leute in meine
Ohr.
*Fußballtrainer Giovanni Trapattoni während seiner Zeit als Übungsleiter bei
Red Bull Salzburg (2006–2008)*

Es gibt viele, die nicht reden, wenn sie verstummen sollten,
und andere, die nicht fragen, wenn sie geantwortet haben.
Schulprofessor Johann Georg August Galletti (1750–1828)

Ein Wort gab das andere – wir hatten uns nichts zu sagen.
Fußballer Lothar Matthäus

Es ist nicht so, daß wir darüber nicht sprechen. Wir reden
nur nicht darüber.
Bundespräsident Johannes Rau

Ich sag mal, sag ich mal.
Fußballtrainer Andreas Brehme

Konflikt

Vielleicht versickert der ganze so unnötige Streit im Laufe
der nächsten Monate doch noch wie das berühmte ungebo-
rene Kind im Sande.
Frankfurter Rundschau, 1982

Konsequenz

In letzter Konsequenz waren wir nicht konsequent genug.
Fußballmanager Karl-Heinz Rummenigge

Kontaktaufnahme

Wenn Sie selbst angesprochen werden möchten, schauen
Sie die Leute mit leichtem Lächeln an und öffnen Ihren
Körper.
Buchautorin Caroline Krüll im TV-Magazin ›Prisma‹

Hallo, ich bin aus Tschien, meine name ist Dagmar und Ich lerne Deutsch. Ich möchte mir mit deutsche Freunde schreiben. Ich arbeite als maserinen in unseren grosen Stadt. Und wer sind Sie?

Anfrage einer tschechischen Deutschschülerin, 2004

Konzentration

Ich kann nicht zwei Fliegen auf einmal dienen.

Versprecher, mitgeteilt von Meringer/Mayer, 1895

Krankheit

Analfissuren – kein Thema der Zahnmedizin

Vortragsankündigung im ›Helmstedter Blitz‹, 2012

Ich glaube, ich habe Anschwellung.

Dänisch leicht gemacht, 1990er Jahre

Leider machte ihm seine Gesundheit bei diesem Vorhaben einen Strick durch die Rechnung.

Göttinger Tageblatt, 17.12.2011

Gekeltert Blut! und wie der Trauben Haut,
Gequetschter Leib! und Lenden welk wie Kraut!
Geakert Fleisch! und ausgedroschne Schalen!
Und jeder Nerv, zu Sommerstaub gemahlen!
Geschlagnes Herz, zerlechzt, wie dürres Land,
Verdorrt wie Gras, geäschert wie ein Brand!
Erschöpfter Geist, von tausend Pfeilen offen,
Und Nektarn gleich von Säufern ausgesoffen!

Johann Ulrich Schwindrazheim (1737–1813), Gedicht auf den Todeskampf seines Vaters

Krieg

Nach der Schlacht von Leipzig sah man Pferde, denen drei, vier und noch mehr Beine abgeschossen waren, herrenlos herumlaufen.

Schulprofessor Johann Georg August Galletti (1750–1828)

Syrien begann mit dem Truppenruckzuck, äh, mit dem Trüppenruckzuck.

›Tagesschau‹-Sprecherin Dagmar Berghoff

Die Europäische Union will über die Lage in Ostzaire beraten, aber erst am Donnerstag. Bis dann geht das Massensterben munter weiter.

Luxemburger Wort, 1996

Kritik

Ich bin immer offen für Kritik, nur sie muss konstruktivistisch sein.

Fußballtrainer Michael Skibbe

Er hat ihn angeschnauzt, aber in freundlichem Ton.

Lehrerzitat, 1970er Jahre

Das ist falsch, richtig falsch!

Wirtschaftsminister Günter Rexrodt
in der Sat.1.-Sendung ›Talk im Turm‹, 1998

Kulturpessimismus

Der Abendgang des Unterlandes

Versprecher einer Lektorin, 2014

Kummer

Er muss in Schutt und Asche laufen.
WDR 2-Sportchefin Sabine Töpperwien in der Saison 2009/10.

Lächeln

Ein Lächeln glitt über seine Lippen und verschwand in dem
Bart wie ein Reh in einem Urwald.
Clara Nordström (1886–1962): Bengta, die Bäuerin aus Skane, 1941

Landeskunde

Einem Landtags-Abgeordneten des Rheinkreises
Seyd uns herzlich willkommen, ihr wiedergewonnenen
Brüder!
  Ein vereinigend Band schlinge durch uns sich der Rhein.
König Ludwig I. von Bayern (1786–1868)

Die 380 Mann umfassende dänische Armee-Einheit, die
2003 im irakischen Basra stationiert wurde, ist in ihrem
»Camp Eden« mit Rasenmähern, Schneeschaufeln und
Streusalz für vereiste Straßen ausgerüstet. Die Temperaturen
im südlichen Irak betragen ungefähr 50 Grad im Schatten.
Hannoversche Allgemeine Zeitung, 12. 7. 2003

Landwirtschaft

Die Jauche ist der Extrakt des Düngers, gehört also zu
ihm wie die Sauce zum Braten, der ja auch erst durch sie
schmackhaft und vollständig wird.
Rheinhessischer Beobachter, 1893

Dem Begriff frischer Dung haftet immer noch ein übler Beigeschmack an. Aber die Wissenschaft hat da Abhilfe geschaffen.

Aus dem Herbstkatalog von Pflanzenversand Bakker, 1998

Nicht 50 Kämpfer der Kampfgruppen, sondern 86 halfen den Genossenschaftsbauern am vergangenen Samstag in der Ernte. Wir bitten, dies zu entschuldigen.

Sächsische Zeitung, 10. 9. 1961

Diese hohe Qualität erzielen wir durch die sorgfältige Auswahl unserer Landwirte und achten auf artgerechte Haltung.

Anzeige einer Metzgerei im ›Reblandkurier‹, 2013

Hühner laufen frei herum, Hahn Caruso lässt hin und wieder seinen Schrei hören, die Alpakas werden abends zusammen mit der Hauswirtschafterin gefüttert, und wenn die Lämmchen alt genug sind, kommen auch diese Vierbeiner zurück auf den Hof.

Westdeutsche Allgemeine Zeitung, 2014

Lautstärke

Man hätte eine Stecknadel fallen hören können – wenn es nicht so laut gewesen wäre.

Kölner Stadt-Anzeiger, 2013

Lebensmittel

Katzenweißbrot

»famila«-Werbung, 2011

Leberwurst darf nur so heißen, wenn sie mindestens ein Drittel Leber enthält. Gleiches gilt für Kirschkonfitüre.
Badische Zeitung, 2013

Margarine im Sinne dieser Leitsätze ist Margarine im Sinne des Margarinegesetzes.
Deutsches Lebensmittelbuch

Büchsenschinken
Ortschaft im Kreis Stormarn, Schleswig-Holstein

Ochsenschenkel
Ortschaft im Landkreis Erlangen-Höchstadt, Bayern

Lebenspartnerschaft

In aller Offenheit kann unsere Nationaltorhüterin Nadine Angerer erklären, dass sie mit einer Frau lebt. Undenkbar im Männerfußball.
Schlagzeile der ›Bild‹-Zeitung, 2011

Letzte Worte

Na, jetzt langt es aber auch allmählich.
Der Verleger Heinrich Maria Ledig-Rowohlt (1908–1992)

Lasst mich doch in Ruhe.
Bertolt Brecht (1898–1956)

Gebt mir meine Brille!
Thomas Mann (1875–1955)

Gebt mir ein Glas Doppelbock!

Der Verleger Ernst Rowohlt (1887–1960). Es ist auch der Satz »Eigentlich ist doch jetzt Bockbierzeit« überliefert.

Ich möchte zahlen. Ich hatte Bohneneintopf.

Der US-amerikanische Gangster Dutch Schulz (1902–1935), der der »Kosher Nostra« zugerechnet wurde

Ist er denn noch nicht tot?

Der Schriftsteller Wilhelm Raabe (1831–1910)

Ich fühle, dass ich geheilt bin.

Der Philosoph Johann Gottlieb Fichte (1762–1814)

Liebe

Frage: Wann sind Sie glücklich?
Antwort: Wenn ich helfen kann. In Berlin leben 6000 meiner Landsleute, viele Frauen haben keinen Mann. Also helfe ich ihnen, wo ich kann.

Aus einem Interview der ›tageszeitung‹ mit dem Koreaner Shin Sung-sik, 4. 1. 2014

Ich hose und kerze dich.

Versprecher, mitgeteilt von Leuninger, 1996

Er lächelte und ließ seinen Blick in den ihren tauchen, daß ihre Wangen über und über zu erglühen begannen. Glückselig wartete sie, bis sein Mund sich langsam dem ihren näherte. Sie wusste nur das eine: rdgoeniatrdgoveniardgoverdgovnrdgog.

Fortsetzungsroman in der ›Badischen Presse‹, 3. 12. 1928

Stille, ganz stille war es im Zimmer. Eugen fühlte sein Herz klopfen – es sprach wie ein Prophet von schweren kommenden Dingen, von Stürmen und Not, von großer Drangsal und Betrübnis, die sich über sein und ihr Leben ergießen würde, und dabei wuchs ihm die Kraft bis ins Unendliche – er würde kämpfen um sie bis zum letzten Abendzuge.

M. Elsborn: ›Der Gemeindearzt‹, Vorabdruck in der ›Schwarzwälder Kreiszeitung‹, 1908

Liebe ist nicht ohne bitter.

Aus einem von Kurt Tucholsky 1928 rezensierten italienischen oder italoschweizer Taschen-Notizkalender.

War es aber kalt und dunkel, so gaben wir uns nur eilig einen Kuß und schieden voneinander. Und jeden Abend, wenn er mich verließ, sagte er: (Forts. folgt)

Morgenpost (Luckenwalde), 1897

Literatur

Am Morgen, an dem zum ersten Male seit vielen Tagen das Wetter freundlich war, sann ich im Garten bald über die Arbeit an den »Marmorklippen«, bald über die Wühlrattenplage nach.

Ernst Jünger: Gärten und Straßen, 1942

Deutsche Riteratur

Titel eines in Japan erschienenen germanistischen Fachbuches, zit. nach ›Die Zeit‹, 28. 6. 2001

Wenn man den 2008 erschienenen Roman der in Berlin lebenden Argentinierin Maria Cecilia Barbetta aufschlägt, pulsiert er wie ein gerade aus dem Wasser gezogener Tintenfisch.

pony (Göttingen), 10/2010

Sein Werk ist verhältnismäßig schmal, aber von einer beeindruckenden Breite und Tiefe.

Samuel James Patterson über Ernst Schering, in: Göttinger Gelehrte, 2001

Magnus Opum

Gehört auf der Frankfurter Buchmesse, 9.10.2013

Meine Lebensziele sind ziemlich erfüllt: Mein Mann ist tot, und auch ich habe nur noch wenige Jahre. Deshalb möchte ich Kurzgeschichten schreiben.

Aus einem Schreiben an eine Fern-Schreibschule, um 1970

Gostreiter schreibt jeden Text für Sie.

Inserat in der ›Welt‹, 2010

Aus dem Amerikanischen von Tom Kellen

Quellennachweis für Franz Kafkas Erzählung ›Ein Bericht für eine Akademie‹ in der Anthologie ›Das Affen-Buch‹, 1994

Was sich vor einigen Tagen deutsche Fußballfans noch erträumten und dann im Viertelfinale bei der WM in den USA scheiterte, in Duderstadt hat es auf anderer Ebene geklappt: Die 31. Niedersächsischen Literaturtage präsentieren sich wieder im Eichsfeld.

Extra Tip (Göttingen), 1994

»Was schenke ich wohl«, fragte eine liebende Mutter eine Freundin um Rath, »meinem Fritz zum Geburtstage?« – »Ich denke«, erwiederte jene, »daß Göthe's Torquato Tasso ein passendes Geschenk für gebildete Jünglinge seines Alters sei.« Sogleich beschloß die zärtliche Mutter, diesen Vorschlag ins Leben treten zu lassen, geht nach der Porzellan-Fabrik und kauft dort – eine Quarttasse.

Alles durch einander, 1830

Ich hoffe, daß ich mit den Schreibereien zum Best-Seller-Autor werde, der mir einen gehobenen Lebensstantart mit Bungerlo und Schwimmpuhl geben kann.

Aus einem Brief an eine Fern-Schreibschule, um 1970

Verballhornte Buchtitel

Emilia von Galoppi (gemeint: Emilia Galotti, von Lessing)
Fallada: Wer einmal in den Fettnapf tritt (Wer einmal aus dem Blechnapf frisst)
Albrecht Goes: Chemie des Darmes (Chemin des Dames)
Handbuch der Morde (Handbuch der Moral, von Epiktet)
Immanuel Kant: Wie macht man's Gemüs' (Macht des Gemüts)
Maiers Schulrat (Maria Stuart, von Friedrich Schiller)
Nietzsche: Tragödie der Geburt (Die Geburt der Tragödie)
Die Petersilie (Penthesilea, von Heinrich von Kleist)

Nach ›Unfreiwilliger Humor‹, 1935, und ›Ernstgemeint‹, 1940

Dokumentarfilm über die Proben zu Fritz Kortners Inszenierung von Schillers »Kabel und Liebe«

rtv. Das Fernsehmagazin, November 2014

Nazis in Dortmund, von einem Autor Heß oder so ähnlich (gemeint: Narziß und Goldmund, von Hermann Hesse)

Nach Rolf Wilhelm Brednich: Pinguine in Rückenlage. Brandneue sagenhafte Geschichten von heute, 2004

Lesungen für Ohren und Beine

Lippische Landes-Zeitung, 2014

Lob

Kompliment an meine Mannschaft und meinen Dank an die Mediziner. Sie haben Unmenschliches geleistet.
Fußballtrainer Berti Vogts

Vortreffliches leistete Herr Meier. Diesen Namen wird man sich merken müssen!
Aus einer Theaterkritik, zit. nach ›Unfreiwilliger Humor‹, 1935

Er spielte ohne Tal und Fehdel.
Fußballreporter Jochen Hageleit

Logik

Hier ist das Beispiel eines logischen Schlusses:
neger homines sunt,
rex est mortalis,
ergo est rex mortalis.
Johann Georg August Galletti (1750–1828) zugeschriebener Merkspruch.
Auf Deutsch: Schwarze sind Menschen, der König ist sterblich, folglich ist der
König sterblich.

Luftfahrt

Die Boeing 707 schritt zur Rollbahn, machte eine Kehrt-wendung, gab volles Gas und schweifte pfeifend in die Höhe.
Aus einer Geschichte für eine Fern-Schreibschule, um 1970

Für den Zeitraum der Übung war in dem Gebiet der Luft-raum gesperrt – für Schiffe galt dies jedoch nicht.
Husumer Nachrichten, 2011

Lüge

Du machst doch schon den Mund auf, wenn du lügst!

Talkgast bei ›Nicole‹, Pro7, 2004. Ähnlich äußerte sich eine Angeklagte in der Sat.1-Gerichtsshow ›Richterin Barbara Salesch‹ vier Jahre zuvor: »Die lügt doch schon, wenn sie die Augen aufmacht.«

Lyrik

Moderne Lyrik erkennt man daran, daß die Dichter ihre Verse nicht mehr reimen, sondern ihren hinteren Ausgang offen lassen.

Aus einem Schulaufsatz, 1960er Jahre

Mann

Die Drohne ist dick und faul, denn sie ist männlich.

Schulaufsatz 1931 über den Bienenstaat, ›Lukasburger Stilblüten‹, 1958

Mathematik

Dann müsste gerechnet werden, dass sich die Balken biegen.

Sportkommentator Marcel Reif

Ihr fünf spielt jetzt vier gegen drei.

Fußballtrainer Fritz Langner

Der Jürgen Klinsmann und ich, wir sind ein gutes Trio. (…) Ich meinte: ein Quartett.

Diese Äußerung von Fußballprofi Fritz Walter jun. wird in der Version »Der Rizzitelli und ich sind schon ein tolles Trio … äh … Quartett« auch Jürgen Klinsmann zugeschrieben.

Vier von drei Menschen können nicht rechnen!
Anzeige im ›Stader Tageblatt‹, 2004

Medien

Das Medium ist die Massage.
Das ist die wortgetreue Übersetzung von ›The Medium is the Massage‹. Unter diesem Titel erschien 1967 das berühmt gewordene Buch des kanadischen Kommunikationstheoretikers Marshall McLuhan, weil der Setzer sich vergriffen und aus der »Message« eine »Massage« gemacht hatte. McLuhan hieß diesen Fehler gut, weil er seinen zum Klischee erstarrten Slogan »Das Medium ist die Botschaft« ironisierte – und außerdem zutraf: Was die Medien mit ihrem Publikum anstellen, ist geistige Massage.

Medizin

D. Köhler gab im Jahre 1690 in Nordhausen ein Buch über Schenkel- und Beinbrüche unter dem Titel heraus: »Der kuriose Schenkel-Diener.«
Mitgeteilt in ›Kuriositäten‹, 1832

Zeit ist Hirn beim Schlaganfall
Haller Tagblatt, 2011

Naturheilkundlich arbeitende Zahnärztin sucht Putzfrau zur Zusammenarbeit.
Anzeige im ›Südkurier‹ (Konstanz), 1998

Der Mann musste vor Ort intubiert und beamtet werden.
Express (Köln), 2014

In den nächsten zwei Jahren sollen Studien an menschlichen Versuchstieren die Ergebnisse bestätigen.
15 Uhr aktuell, 1999

Jeder Patient kann sicher sein, dass er so lange behandelt wird, bis der Tod festgestellt ist.

Professor Günter Kirste, Generalsekretär der Deutschen Transplantationsgesellschaft, in der ARD-Sendung ›Pro und Contra‹, 1997

Das Jahr 1989 ist gekennzeichnet durch tiefgreifende Veränderungen und Wechsel im Leben von Ost und West. Berlin ist der Dreh- und Angelpunkt des Umbruchs. Welcher Ort eignet sich daher besser, über das Thema Klimakterium der Frau zu diskutieren? Im Namen der Schering AG, Berlin, möchten wir Sie ganz herzlich zu der Publikums-Pressekonferenz »Wechsel-Jahr 1990« einladen.

Einladungsschreiben der Firma Medical Relations, 1990

Den heutigen Ärzten kommt es bei ihren Patienten auf ein paar Beine mehr oder weniger nicht mehr an.

Der Abgeordnete Dr. Friedrich Karl August Zinn am 18.12.1875 im deutschen Reichstag

Mensch

Es ist heute wohl unbestritten, dass Mann und Frau menschliche Wesen sind.

Muammar al-Gaddafi: Das Grüne Buch. Die dritte Universaltheorie, 1990

Wehmütig,
Demütig,
Viel verkannt und tief gebeugt,
Ist der Mensch, vom Weib erzeugt.

Friederike Kempner (1836–1904)

Mensch ist Salz in Suppe des Lebens

Schlagzeile im ›Westfalen-Blatt‹, 2003

Die meisten Leute sind Alltagsfliegen.
Ernstgemeint, 1940

Das ist genauso wie bei uns Tieren.
Lehrerzitat, 1970er Jahre

Mord

Mord in Mörse: Das Opfer ist tot
Aller-Zeitung, 2014

Musik

Die Kirche ist nicht geheizt, weshalb warme Kleidung an-
gezeigt ist. Vielleicht kann unsere Musik die Herzen erwär-
men, für die Füße sehe ich jedoch schwarz.
Altmark-Ost Generalanzeiger, 2003

Ja, heute vor einhundert Jahren!
Entsprossen aus dem Mutterschoß,
War Mozart klein, wie alle waren,
Doch ward er schon als Knabe groß,
Als Jüngling ward er kühn und dreister,
Und dann als Mann der Musikmeister.
Karl Bernth (1802–1879)

Giuseppe Verdis Oper ›La Traviata‹ fiel bei der Urauffüh-
rung 1853 in Venedig durch, weil die dicke Sopranistin
Fanny Salvini-Donatelli die Rolle der schwindsüchtigen
Violetta spielte und vom Publikum ausgelacht wurde.
Nach dem ›Arte-Magazin‹, 2013

Es spielen jetzt die Blesbläsersolisten – pardon –
Blechblechersolisten – Blechbläserlosisten.
Radioversprecher, zit. nach Rauch, 1979

Es erklingt ein Bachsches Mottenkonzert.
Allgemeiner Anzeiger, 2006

Die Bratsche ist so etwas wie die Bassgitarre unter den
Violinen.
Sächsische Zeitung, 2014

Mit der Rolle der Carmen beendete Frl. v. P. ihr Gastspiel.
Möge die geschätzte Sängerin bald niederkommen!
(Berichtigung:) Die Notiz im gestrigen Abendblatt sollte
selbstverständlich lauten: Möge die geschätzte Säugerin bald
wiederkommen!
Pressezitat, vermutlich aus dem wilhelminischen Kaiserreich

Diderot: Nehmen Sie an, das Klavier besitze Empfindungsvermögen und Gedächtnis, und sagen Sie mir, ob es dann
die Weisen, die Sie auf seinen Tasten gespielt haben, nicht
von selbst wiederholen wird. Wir sind doch Instrumente
mit Empfindungsvermögen und Gedächtnis. Unsere Sinne sind soundso viele Tasten, die von der uns umgebenden
Natur angeschlagen werden und sich oft auch von selbst an-
schlagen. Das ist meines Erachtens alles, was in einem Klavier vorgeht, das so eingerichtet ist wie Sie und ich.
D'Alembert: Ich verstehe. Wenn dieses empfindungsfähige
und beseelte Klavier nun auch noch die Fähigkeit besäße,
sich zu ernähren und fortzupflanzen, dann würde es leben
und entweder aus sich selbst oder mit seinem Weibchen kleine Klaviere erzeugen – lebende und tönende kleine Klaviere.
Diderot: Zweifellos.
Denis Diderot: Gespräche mit d'Alembert, 1769. Deutsch von Theodor Lücke.

Mit einem exotischen Sammelsurium von Instrumenten werden eigene, aber auch schöne Lieder live gespielt und gesungen.
Waiblinger Wochenblatt, 2006

Musikinstrument des Dreiecks
Bezeichnung einer Triangel auf der Webseite des chinesischen Onlinehändlers Alibaba, german.alibaba.com, 29.9.2014

Verballhornte Schlagertitel
Klein Müllers Dori (gemeint: Glenn Miller Story)
Gwoant ham ma mehra (gemeint: Guantanamera)
Hau quatsch is der Doag in de Windel (How much is the doggy in the window)
Nach Rauch, 1979

Mut

Augen durch und zu!
Kandidatin in der ›RTL-100 000 Mark Show‹, 2000

Vorsicht! Beherzte Katze
Straßenschild in Spanien, zit. nach Volland, 1987

Mutter

Jeder von uns hatte eine Mutter.
Bundespräsident Heinrich Lübke in seiner Fernsehansprache zur Sammelwoche des Müttergenesungswerks, 6.5.1965

Wenn eine Frau ein Kind hat, muß sie sich doch nicht gleich auf den Begriff Mutter festlegen lassen.
Die Journalistin Sabine Rosenbladt im ›Frauenforum‹ auf NDR 3, 1982

Unsere Häsin hat seit drei Tagen Junge. Vorher hat sie ein schönes Nest gemacht aus Laub und Stroh. Dann hat sie sich die Haare aus dem Bauch gerupft und das Nest ausgepolstert. Welche Mutter würde das tun?

Schulaufsatz von 1932, zit. nach ›Lukasburger Stilblüten‹, 1958

Namen

Ich, Meenalya Naidu Balasugramaniam, Sohn des Meenalya Naidu, wohnh. Stuttg., habe durch Heirat den Familiennamen Fischer angenommen.

Anzeige, zit. nach ›Unsere zweite Tochter‹, 1987

Rotz Stewart

Abendzeitung (München), 1991

Dietscher Zetsche

die tageszeitung, 19.2.2010. Gemeint war Daimler-Chef Dieter Zetsche.

Parteischnjew Breschnjew

Radioversprecher, zit. nach Rauch, 1979

Sein Name war Programm.

Die ›Frankfurter Allgemeine Zeitung‹ am 17.10.2002 über Bundesfinanzminister Hans Eichel

Johann Selbadrian Bach

Mitgeteilt von Leuninger, 1993

Es war das letzte Projekt des im Oktober verstorbenen Hamburger Songwriters Nils Koppruch: Unter dem Namen Kid Kopphausen veröffentlichte er mit Gisbert zu Knyphausen das Album »I«.

Nordausgabe der ›tageszeitung‹, 7.11.2012

Elfriede Heiland-Sackschewski
Hildegard Krüpfganz-Kräck
Gustav Rose-Rosen
Bettina Sat Hari Kaur Stülpnagel
Elfi Große-Flasche
Edy Fröhlich-Wichser

Telefonbüchern, Zeitungsmeldungen und Inseraten zufolge sind das echte Namen im deutschsprachigen Raum.

Frieden Mit Gott Allein Durch Jesus Christus
Joel November Severin
Max Amos Soma Xam

Von deutschen Standesämtern genehmigte Vornamenkombinationen

Keihanaikukauakahihuliheekahaunaele

Das ist der Name einer Hawaiianerin, der es 2013 nach vielen Jahren gelang, ihren vollständigen Namen im Führerschein und im Pass eintragen zu lassen.

Andriantsimitoviaminandriandehibe
Andriantsimitoviaminandriandrazaka

So lauten die Namen der madegassischen Könige von 1650–1670 bzw. 1710–1730. Madagaskars seit 2014 amtierender Staatspräsident heißt Hery Rajaonarimampianina. Seine innerparteilichen Konkurrenten Hajo Andrianainarivelo und Edgard Razafindravahy hatten gegen ihn den Kürzeren gezogen.

Franco Foda

Als Jupp Derwall beim Länderspiel Brasilien – Bundesrepublik Deutschland 1987 in der 85. Minute den Spieler Franco Foda einwechselte und der Stadionsprecher seinen Namen verlas, brachen die Zuschauer in Gelächter aus: Der Name bedeutet im brasilianischen Portugiesisch »unentgeltlicher Geschlechtsverkehr«.

Karl-Theodor Maria Nikolaus Johann Jacob Philipp Franz Joseph Sylvester Freiherr von und zu Guttenberg

Ferfried Maximilian Pius Meinrad Maria Hubert Michael
  Justinus Prinz von Hohenzollern-Sigmaringen
Christina Paul Gräfin Pilati von Thassul zu Boxberg-
  Borggreve
Leopold von Bülow-Quirk
Namen deutscher Adliger

Bulgrin von der Steinweide
Cäsar Edler von Eifelblick
Cherry von der Wittler Höhe
Deutsche Hundenamen

Rosalind Arusha Arkadina Altalune Florence Thurman-
  Busson
*So haben die US-amerikanische Filmschauspielerin Uma Thurman und der
Schweizer Finanzberater Arpad Busson ihre Tochter benannt.*

Fanta
Pepsi-Carola
Pumuckl
Windsbraut
Von deutschen Standesämtern akzeptierte weibliche Vornamen

Atomfried
Bierstübl
Grammophon
Verleihnix
Von deutschen Standesämtern abgelehnte Vornamen

Happyend
Name eines Toilettenpapiers

Nationales

Dutschalnd

Länderangabe für den Fernsehfilm ›Dicke Freunde‹ von 1995 im WDR-Videotext, 21. 5. 2013

Und jetzt skandieren die Fans wieder Türkiye, Türkiye, was so viel heißt wie Türkei, Türkei!

Fußballreporter Heribert Faßbender

Großbritannien galt früher als Geheimtip für Liebhaber des typisch britischen Lebensstils.

Bayreuther Anzeiger, 1997

Die kretische Nationaltracht der Männer sieht man heute auf dem Land (bisweilen ohne die Hose) noch relativ oft.

Aus einem Polyglott-Reiseführer für Kreta

Italiener, Itaker (ugs.), Katzelmacher (ugs., abwertend), Tschinkele (österr., schweiz., abwertend), Tschinken (abwertend), Makkaronifresser (salopp, abwertend), Spaghettifresser (salopp, abwertend), Spaghetti (salopp, abwertend), Makkaroni (salopp, abwertend), Mausfallenhändler (abwertend), Maiser (schweiz.).

Duden. Band 8. Sinn- und sachverwandte Wörter und Wendungen. Wörterbuch der treffenden Ausdrücke 1972. Wehrle-Eggers: Deutscher Wortschatz. Ein Wegweiser zum treffenden Ausdruck, 1993, kennt »Italiener« nur als Hühnerrasse.

Naturkunde

Gehabt euch wohl, Gott segne euch,
Euch alle im Sonnenlicht,
Dich Vöglein, Röslein, Immergrün,
Die Dornen und die Würmer nicht!

Friederike Kempner (1836–1904). Ganz ähnlich klingt das in einem anderen Kempner-Gedicht: »Nachtigallen singen, flöten, / Lerchen steigen jubelnd auf, / Doch die Frösche und die Kröten / Hemmen der Begeistrung Lauf!«

Das Meerwasser ist durchsichtig, welches von dem Salze
herkommt.

Immanuel Kant: Physische Geographie, 1802

Eis zum Gefrieren bringen ist einfach.

Die Welt, 2002

Wasser schmilzt bei 100 Grad.

Der Göttinger Professor für Indogermanische und Allgemeine Sprachwissenschaft W. P. Schmid, 20. 1. 1977

Das beste Pflanzensalz im Tierreich ist Erz.

Schulprofessor Galletti (1750–1828)

Das typische Wasserstoffatom hat deshalb einen charakteristischen Durchmesser von 10^{-8} cm, weil es sich für das Atom
nicht lohnt, größer oder kleiner zu sein.

Harald Fritzsch: Vom Urknall zum Zerfall, 1983

Ein Beweis für die Kugelgestalt der Erde ist das Schauspiel
des Himmels, daß man immer die nämlichen Sterne sieht –
oder vielmehr umgekehrt.

In der ›Wünschelruthe‹, Nr. 6 vom 19. 1. 1818, zitiert unter der Überschrift »Schulfrüchte, d. i. anmuthige Redensarten eines Schulmannes, vermuthlich um seinen Schülern die Wissenschaften angenehm zu machen«.

Wie alt ist die Erde? Zeitzeugen des Naturkundemuseums berichten.
RT tipp (Reutlingen), 2005

Orthografie

Die Zweite Verordnung zur Änderung der Verordnung über Milcherzeugnisse vom 28. August 1973 (Bundesgesetzbl. I S. 1199) wird wie folgt berichtigt: In der Anlage zur Verordnung über Milcherzeugnisse ist bei der Gruppe IX in Spalte 3 Nr. 1 hinter dem Wort »Milch« ein Komma zu setzen.
Im Deutschen Bundesgesetzblatt Nr. 84/73 veröffentlichte »Berichtigung der zweiten Verordnung zur Änderung der Verordnung über Milcherzeugnisse vom 10. Oktober 1973«.

Frage auf der Einbandrückseite des ›Duden. Richtiges und gutes Deutsch‹, 1985: Warum schreibt man ›behende‹ mit e, obwohl es zu ›Hand‹ gehört?
Antwort auf S. 107: Man schreibt behende mit e, obwohl es zu Hand gehört.

Nicolae Ceaușescu. Diese Schreibung ist obsolet. Das Stichwort ist unter »Nicolae Ceaușescu« zu finden. In der rumänischen Orthographie finden statt der Buchstaben Șș und Țț die Buchstaben Șș und Țț Anwendung.
http://de.wikipedia.org/wiki/Nicolae_Ceau%C5%9Fescu, 2013

Korregieren
Wegweiser in der Schreibwarenabteilung des Göttinger Karstadt-Warenhauses, 2011

Bewerbung: Rechtschreibfehler K. o.-Krieterium
Rhein Main Digital, 2013

AUS DEM NÄHKÄSTCHEN
Überschrift auf taz.de, 7. 12. 2011

Schlu§ mit lustig
Die Natur als gro§er Pudding
Im Osten geht Ōs ums Ganze
Welche ÈsolidarnoscÇ hat eigentlich gewonnen?
Èes ist so leicht vorauszusehen, was wir schreibenÇ
Unter dem gest–rkten Hemd
F r eine dritte Begr ndung der Politik
Mythos auf Menschenma§
Artikelüberschriften im ›Freitag‹, 26. 9. 1997

Seniorenbeirat: Aus Felern gelernt
Böhme-Zeitung (Soltau), 2009

Die Schüler der 6b am Josef-Albers-Gymnasium in Bottrop haben im Bund mit ihrem Lehrer der deutschen Rechtschreibung den Kmapf angesagt.
Zeitungsmeldung 2006

Pädagoisches Landesinstiut Rheinland-Pfalz
Aushang vor dem Bürogebäude in Speyer, 2014

Ortsnamen

Blödesheim (Landkreis Alzey-Worms, Rheinland-Pfalz)
Deppenhausen (Alb-Donau-Kreis, Baden-Württemberg)
Ekel (Landkreis Schleswig-Flensburg, Schleswig-Holstein)
Fucking (Bezirk Braunau am Inn, Oberösterreich)
Kloo (Landkreis Miesbach, Bayern)
Kotzen (Landkreis Havelland, Brandenburg)
Krätze (Region Hannover, Niedersachsen)
Meinkot (Landkreis Helmstedt, Niedersachsen)

Oberkaka (Burgenlandkreis, Sachsen-Anhalt)
Pissen (Landkreis Merseburg-Querfurt, Sachsen-Anhalt)
Pups (Gemeinde Feldkirchen-Westerham, Landkreis Rosenheim, Oberbayern)
Rotzloch (Kanton Nidwalden)
Strullendorf (Landkreis Bamberg, Bayern)
Tittenkofen (Landkreis Erding, Bayern)
Tuntenhausen (Landkreis Rosenheim, Bayern)
Unterneger (Landkreis Olpe, Nordrhein-Westfalen)
Wixhausen (Ortsteil von Darmstadt, Hessen)

Panik

Schreiend rennen sie los, halten sich dabei die Augen vor
Gesicht und Nase.
Frankfurter Allgemeine Zeitung, 2013

Partnerschaft

Rentner, 67 J., 1,80 m groß, m. Freizeit su. Partnerin
60–65 J., 1,70 m groß, auch Witwe mit Hosenanzug.
Kontaktanzeige in der ›Main-Post‹, etwa 2007

Ganz normaler Mann, Ende 50, 172 cm groß, R, berufs-
tätig, mit dritten Zähnen, sucht eine nette Partnerin ab
60 J., gerne auch mit dritten Zähnen, zum Aufbau einer
harmonischen Beziehung.
Kontaktanzeige im ›Wochenspiegel‹, 2012

Suche Frau mit Traktor, Bild vom Traktor erwünscht.
Kontaktanzeige im ›Haller Tageblatt‹, 2008

Als Mensch sucht 27j. sympath. Frau mit 6j. Knaben bei ält.
vornehm. Herrn Wirkungskreis.
Kontaktanzeige im ›Karlsruher Tageblatt‹, 1927

Wenn wir schon dabei sind, wie heiratet man?
Aus einem ungarischen Deutschlehrbuch von 1993

Patriotismus

Die Pferde tragen Rosetten in den Landesfarben an Kopf
und Geschirr und Schwänzen. Jedermann ist ähnlich ge-
schmückt.
Breslauer General-Anzeiger, 11.3.1900

Persönlichkeit

Christoph
has been taken away in Afrika
dir war Afrika eine Faszination und ein Abenteuer
ein Wiedersehen mit Gebieten und ein Sein mit Geliebten
der Ausweg aus dem Einheitsbrei, der elendigen Tristesse
Sonne, mühseliges Wandern und gut Gras
laufen wie ein Kamel, unwillig und ausdauernd
neue Eindrücke und andere Widersprüche
Aufstehen, giraffenartig ungelenkt, aber graziös
ein Hike im Truck oder der Lebensabend mit Mopeds
Du, Fragment des dunklen Kontinents, bist auch Teil
    von uns
marika, peik, barbro, ulli, maazuu, armin,
anthony, martin, steven, ndakie, yvonne, petjii
und den unendlich vielen anderen,
denen du je über die Quere gekommen bist
Traueranzeige in der ›Jungen Welt‹, 5.2.1997

Würde er überhaupt je imstande sein, dem Gesäß seiner
Persönlichkeit einen neuen Inhalt zu geben?

*Aus dem Fortsetzungsroman ›Die Kette‹ von Heinz Schulze im ›Berliner
Lokal-Anzeiger‹, 1904*

Großer Kommandant
Titan der Titanen
Glorreiche Eiche aus Scorniceşti
Donau der Denker
Genie der Karpaten
Sohn der Sonne
Führer
Auserwählter
Irdischer Gott

*Beinamen des rumänischen Diktators
Nicolae Ceauşescu (1918–1989)*

Phobie

Aichmophobie: Angst vor Punkten
Anatidaephobie: Angst, von einer Ente beobachtet zu
  werden
Arachibutyrophobie: Angst, dass Erdnussbutter am
  Gaumen kleben bleibt
Barophobie: Angst vor der Schwerkraft
Geniophobie: Angst vor einem Kinn
Genuphobie: Angst vor einem Knie
Lachanophobie: Angst vor Gemüse
Pogonophobie: Angst vor Bärten

*Phobien, die in ärztlichen Standardwerken wie dem ›Roche Lexikon Medizin‹
(5. Aufl. 2003), dem ›Diagnostischen und Statistischen Manual Psychischer
Störungen‹ (4. Version, 2003) bzw. in dessen bislang nur auf Englisch
vorliegender 5. Version (Diagnostic and Statistical Manual of Mental
Disorders, 2013) aufgeführt werden.*

Physiologie

Man hört auch mit den Ohren gut.
Wolfsburger Nachrichten, 2007

Die mit den Füßen gehen.
Überschrift in der Literaturbeilage der ›Hannoverschen Allgemeinen Zeitung‹ vom 24.9.1992. Thema war, so der Untertitel, »Mexiko im Spiegel seiner Literatur«.

Wenn man sieht, was ich gelegentlich höre …
Bundestagspräsident Wolfgang Thierse, 2001

Ich bin auf dem rechten Ohr fast blind.
Talkgast bei ›Bärbel Schäfer‹, RTL 1999

Politik

Unsere Gegner zeigen Initiative und sind einfallsreich, und das sind wir auch. Sie hören nie damit auf, sich neue Wege zu überlegen, wie sie unserem Land und unserem Volk schaden können – und wir auch nicht.
US-Präsident George W. Bush bei der Vorstellung des neuen Verteidigungshaushalts, 5.8.2004

Das korrekte Verhalten eines Abgeordneten sollte so weit gehen, daß auch die Presse keinen Grund hat, ihn wegen eines Fehltritts wochenlang breitzutreten.
Aus dem Prüfungsaufsatz eines Vollzugsbeamtenanwärters, 1960er Jahre

Für das Wohl des Volkes, für das Glück der Menschen – vorwärts zum IX. Parteitag der SED!
Änderungen vorbehalten.
Veranstaltungsplan der Stadt Jüterbog 1975

Mein lieber Roland Kotz!

Angela Merkel auf dem CDU-Parteitag 2008. Gemeint war der damalige hessische Ministerpräsident Roland Koch.

Natürlich gibt es einen engen Zusammenhang zwischen der Parteiarbeit und der bisherigen Entwicklung unserer rostfreien Rasierklinge.

Freies Wort (Suhl/DDR), 11.2.1969

Ohne die FDP hätten weder CDU noch SPD eine Koalition mit der FDP bilden können.

Welt am Sonntag, 2014

Willy Brandt (SPD): Sie sollten, bitte, nicht weiterhin so tun, als bestünde die große Mehrheit unseres Volkes aus Dummköpfen.
Kurt J. Rossmanith (CSU): Das tun wir nicht! Die haben uns gewählt!

Im Bundestag, 22.11.1983

Der Wahlkampf stößt auf ein starkes Interesse bei den Bürgern, in den großen Sälen des Landes geben sich die Kandidaten die Klinge in die Hand.

Badische Zeitung, 2014

Die Fraktionen sehen keinen Grund, Gesetze zu ändern. Künftig sollen sie aber befolgt werden.

Die › Stuttgarter Zeitung‹ in einem Bericht über den baden-württembergischen Landtag, 2014

Das für Samstag, 29. April vorgesehene Jugendforum der evangelischen Kirche zur »Politikverdrossenheit Jugendlicher« muß mangels Teilnehmern ausfallen.

Frankfurter Rundschau, 1995

Unsere Dahlienschau – ein wuchtiger Schlag gegen die
Kriegsbrandstifter!
Losung in der DDR, 1955

Problemlösung

Können wir die Atombombe als eine Hilfe zur Lösung aller
Probleme in der Welt benutzen?
English Grammar Style. Übungsbuch für die Oberstufe, 1972

Produktnamen

Vornehmer gelehrter Onkel
*Das ist die Bedeutung von »Jia-shi-bo«, wie die Biermarke Carlsberg im
Chinesischen heißt.*

Du gemütliche Welle
*Bedeutung von »Shu-bo-er«, dem chinesischen Markennamen der japanischen
Biersorte Super Dry*

Beiß in die wächserne Kaulquappe
*Bedeutung von »Coca-Cola« im Chinesischen. Die Marke heißt deshalb
in China leicht abgewandelt: »ke-kou-ke-le«, was »wohlschmeckend und
erfrischend« bedeutet.*

Friss deine Finger auf
*Bedeutung der chinesischen Übersetzung des Werbeslogans »finger lickin' good«
der Restaurantkette Kentucky Fried Chicken*

Super-Piss
*Diesem finnischen Frostschutzmittel wäre wohl nicht nur hierzulande kaum
ein Verkaufserfolg beschieden.*

Trottel

Bedeutung von »Uno« im Finnischen. Der Fiat Uno floppte dementsprechend in Finnland. Der belgischen Automarke Nova erging es ähnlich. Ihr wurde auf dem spanischen und lateinamerikanischen Markt kein Erfolg zuteil: »No va« bedeutet im Spanischen »läuft nicht«.

Wichser

Bedeutung des Kunstworts »Pajero« im spanischen Slang. Der Mitsubishi Pajero war auf dem spanischen Automarkt kein Erfolgsmodell. Ebenso wenig der Mazda Laputa, da »puta« im Spanischen »Hure« bedeutet.

Pimmelchen

So die Bedeutung von »Pinto«, wie die Autofirma Ford ein Modell nannte, im brasilianischen Portugiesisch. Ähnlich fehl griff die schwedische Textilfirma Hennes & Mauritz, die ihre Modelinie mit dem Kürzel »Cos« (für »Collection of Style«) im Iran verkaufen wollte – »Cos« ist im Persischen ein derbes Wort für die Vagina.

vögeln

Bedeutung des Firmennamens »Nike« im Arabischen

Prognose

Bekanntlich ist es schwierig, eine Voraussage zu treffen, insbesondere wenn diese sich auf die Zukunft bezieht.
Der Soziologe Ulrich Beck im ›Stern‹, 2001

Künftigen Dienstag ist Äquator.
Schulprofessor Georg August Galletti (1750–1828)

Programm

Die Landesgartenschau ist täglich ab 9 Uhr geöffnet. Einlass ist bis 20 Uhr. Ausgang ist jederzeit möglich.

Offizielle Zeitung der Landesgartenschau Ostfildern, 2002

Prominenz

Kugelbauch, Hühnerbrust, Stelzenbeinchen – am Strand sehen Prominente aus wie ganz normale Menschen.

Bild am Sonntag, 2003

Gewinnfrage: Wie hieß Heinz Rühmann mit Vornamen?

Stadtmagazin37 (Göttingen), 2002

Noch nie war eine so hochkarierte Persönlichkeit in unserer Mitte!

Rolf Böhme, Oberbürgermeister von Freiburg im Breisgau, bei der Begrüßung des Bundespräsidenten Johannes Rau 1999

Da war alles da, was Nam und Rangen hatte.

Versprecher, mitgeteilt von Leuninger, 1996

Pubertät

Wenn mich jemand nach meinem Alter fragt, sage ich: zwölf. Ich will nicht mehr als Elfjähriger gelten. Ich möchte ein Teenie sein. Ich bin kein Kind mehr!

Aussage eines Jungen zum Thema Pubertät im ›Stern‹, 2002

Publikum

Tausende standen an den Hängen und Pisten.
Legendärer Ausspruch des Sportreporters Heinz Maegerlein bei einer Skisport-veranstaltung. Der ›Spiegel‹ (2.11.1998) datiert die Episode auf 1965, andere Quellen verlegen sie ins Jahr 1959.

Eine erbärmliche Kulisse, so dass man die Borussen-Fans, die allein auf der Tribüne hinter dem Tor standen, an einer Hand abzählen konnte: 68 waren es.
Westdeutsche Allgemeine Zeitung, 2001

Einmächtig stehen die Fans hinter ihrer Mannschaft.
Aus den Korrekturfahnen eines Göttinger Verlags, 2010er Jahre

Rätsel

Das ist mir ein Schleier mit sieben Siegeln.
Hand aufs Hemd, 1976

Ratschlag

Haben auch Sie schlaue Tipps auf Lager? Schreiben Sie an:
Ú&à’ā:*{l WTŒØÔ ØÔÙÜÔ
Woche Heute, 2011

Raumfahrt

Die Menschheit ist bereit, das Sonnensystem zu betreten.
Der ehemalige US-Präsident George W. Bush

Realismus

Wir müssen jetzt mit dem Boden auf den Füßen bleiben.
Fußballtrainer Jürgen Röber

Die Realität ist einem unter dem Boden entzogen.
WDR 3, 10. 5. 2012, zit. nach ›Titanic online‹, 27. 8. 2012

Wir haben gelernt, dass man das Pferd nicht von hinten aufrollen kann.
Talkgast in Ilona Christens RTL-Talkshow, 1998

Rechnen wir mal mit dem Schlimmsten – das ist wahrscheinlich das Beste!
Friedhelm Busch in der ›Telebörse‹, n-tv 1999

Rechtschreibung

Vorschläge des Schreibprogramms Word (Taste F7) bei einem Buchmanuskript über Fest- und Feiertage:

Urchristen, besser: durchreisten
Marianne Hainisch, besser: Marianne Haifisch
Schawuot, besser: schamrot
benamst, besser: beamst

Vorschläge des Schreibprogramms Word (Taste F7) bei einem Buchmanuskript über Religionen:

hundsköpfige, besser: kindsköpfige
Niedernhausen, besser: niederhauen
gottgleiche, besser: wortgleiche
händigte, besser: bändigte
z. B., besser: Alb
Milvische [Brücke], besser: filmische
maßte, besser: maite

erdolcht, besser: erdacht
Verlesern, besser: Verlegern
Verhörern, besser: verhökern
Daoisten, besser: Maoisten
alledem, besser: allelem
scherte, besser: scharte
ahmt, besser: ahnt
dreiflügeligen, besser: zweiflügeligen

Vorschläge des Schreibprogramms Word (Taste F7) bei der Abfassung dieses Buches:

abkoten, besser: abarten, abasten, abbogen, abhotten
Anfang, besser: Anfang, Anyang, Infant
[Rainer] Barzel, besser: Bürzel
ey, besser: Bey
Colgate, besser: Folgte, Polgüte, Rogate
geäschert, besser: geschert
Hambacher [Fest], besser: Halbwacher
Pepsi, besser: Pepi
[Prof. Dr.] med., besser: mied
tragischer, besser: arabischer
übern, besser: üben, Ebern, Obern
[Markus] Wasmeier, besser: Aasgeier, Hausmeier
Wigald Boning, besser: Kigali Boeing
zit., besser: Bit, Fit, Hit, Kit, Nit

Ein ähnlich weites Feld für unfreiwillige Komik eröffnen die automatischen SMS-Wortkorrekturprogramme. »Grüße aus Nettelstedt« verwandeln sich in »Grüße aus Bettelärmste« und diese in »Grüße aus Bettelstudent«, »unruhige Tage« werden zu »neunäugigen Tagen« umgekrempelt, die »Bierbrauerei« gerät zur »Bierquälerei«, und der »Laubbläser« wird sogar in einen »Alaunstift« verhext, wie Bernd Gieseking aus eigenem Erleben in seiner Glosse »Korrekturfehler« (die tageszeitung, 21.3.2014) berichtet.

Redekunst

Hans-Dietrich Genscher sagte in seinem Vortrag, er stehe zu seinen Redenschreibern. Rede sei Führung. Eine Rede müsse die Menschen mitnehmen, indem sie ihre Hirne und Herzen erweiche.
Berliner Zeitung, 2000

Religion

Die Bibel ist nicht ein gewöhnliches Buch wie andere Leute.
Schulprofessor Karl Joachim Marquardt (1812–1882), ›Das größte Insekt ist der Elefant‹, 1965.

Showmaster: Wie heißt das erste Buch des Alten Testaments? A. Pink Floyd, B. Judas Priest, C. Genesis, D. Moses Pelham.
Kandidat: Es heißt ja das erste Buch Mose – also nehme ich D: Moses Pelham.
Geschehen in der RTL-Show ›Wer wird Millionär?‹, zit. nach http://www.unmoralische.de/quizshow.htm, 2013

Freie Religionsgemeinde, Grünstr. 14 bis 16. Erbauung: Sonntag, den 10. April, vormittags 9½ Pred. Tschira. Thema: »Gehet hin, ihr Verfluchten, ins ewige Feuer!« Eintritt frei.
Breslauer Morgenzeitung, 9.5.1907

Kinshasa. Beim Versuch, wie Jesus über das Wasser zu laufen, ist ein Prediger im Kongo-Fluss ertrunken. Wie das staatliche Radio der Demokratischen Republik Kongo berichtete, hatte der 42-jährige selbsternannte Prophet »Azarias« seine Gläubigen zu einer »Wunderfeier« nahe dem Ort Boma im Westen des Landes versammelt. Die Gläubigen hätten zunächst auf einem Steg um einen Altar getanzt. Dann sei der Prophet ins Wasser gestiegen, allerdings nach fünf Schritten von einem Strudel mitgerissen worden, während seine Anhänger »in völligem Taumel« weitersangen. Die Gesten des Ertrinkenden seien von den Gläubigen als Segnung missverstanden worden.

Meldung der Katholischen Nachrichtenagentur (KNA), Dezember 2000

Die Teilnehmer sind zu einem Drittel Kleriker, einem Drittel Frauen und einem Drittel Männer.

Südkurier, 2013

Solidarität statt Gegensätzen / Gristen und Muslime treffen sich zum Gedenken an Pogromnacht.

Schwäbische Zeitung, 2014

Das Prodekanat München-Süd umfasst elf Gemeinden und reicht vom Westend bis nach Grünwald. Die Landeskirche möchte sich dazu nicht äußern.

Süddeutsche Zeitung, 2012

Anschließend wird Pfarrer Preis die neuangelegte Toiletten-anlage segnen und ihrer Bestimmung übergeben.

Fulda aktuell, 2007

Resümee

Ich will das Revue kapitulieren lassen.

Altbundeskanzler Gerhard Schröder, zit. nach Zudeick, 2011

Risiko

»Das ist«, so zitiert er sein Aufsichtsratsmitglied Bob Palmer, »wie russisch Roulette. Man drückt ab und erfährt erst vier Jahre später, ob man sich das Gehirn rausgeblasen hat.«
VDI Nachrichten, 2000

Wenn wir keinen Erfolg haben, riskieren wir einen Misserfolg.
James Danforth Quayle, US-Vizepräsident unter George Bush 1989–1993

Ruhe

Die Tiere brauchen Ruhe, weil sie Ruhe brauchen.
Schwäbische Zeitung, 2004

Ruhestörend ist ein Lärm bereits dann, wenn er geeignet ist, die Ruhe zu stören.
Oberlandesgericht Hamm, 1955

Ruhm

Stefan Eickmeyer ist in Münsters Musikszene kein Unbekannter. Vor der Weltmeisterschaft komponierte er einen WM-Song, wurde kurz bekannt durch ein Interview mit dem Magazin ›Stadtgeflüster‹. Seitdem hat man nichts mehr von ihm gehört.
Münstersche Zeitung, 2008

In seinen reifen Jahren verkörperte er in hervorragender Weise das moderne Bayern, ein weltoffenes Land mit moderner Industrie und Kultur. Dieser große Mann hat es wirklich nicht verdient, durch einen Kaufhaus-Hammer zu enden.
Die ›Bild‹-Zeitung 1992 über den Mord an dem Schauspieler Walter Sedlmayr

Sauberkeit

Die Bahnreinigung Berlin GmbH – ein großer Anbieter
zeitkritischer Reinigungsleistungen im Verkehrswesen
Aus einer Stellenanzeige im › Tagesspiegel‹, 13. 2. 1994

Schach

Schach muss stark und schwer haben.
Äußerung eines schwedischen Fernschachspielers, etwa 1977

Schach schlägt Körperbehinderungen matt
Pressemitteilung der Münchner Schachstiftung vom 17. 4. 2013 über ein
Schachturnier, an dem körperbehinderte und gesunde Spieler teilnahmen

Schaltjahr

Warum aber ist jedes vierte Jahr ein Schaltjahr mit 366 Tagen? Ganz einfach: Es hat mit dem Lauf der Sonne um die
Erde zu tun. Die Sonne hat es nämlich ein kleines bisschen
eiliger mit ihren Umdrehungen als die Erde, und so hinkt
die Erde pro Jahr der Sonne um einen Vierteltag hinter-
her.
Saarbrücker Zeitung, 2004

Schaulust

Zahlreiche Menschen und Journalisten verfolgten die
Aktion.
Nordwest-Zeitung, 2014

Schicksal

Ray war seit seinem 6. Lebensjahr blind, arm und schwarz.
Das Programmheft der Kinokette Cinemaxx über Ray Charles, 2005

Schönheit

Daß ein Mensch schöner aussähe, wenn ihm die Ohren spitz geschnitten oder der Schwanz abgeschnitten würde, kann niemand behaupten. Bei Hunden aber (…)
Waldecker Zeitung, 1902

Schuhwerk

Der Schuh weiß am besten, wo ihn der Fuß drückt.
Fußballer Lothar Matthäus

Jetzt muß ich mir erst andere Füße anziehen.
Ernstgemeint, 1940

Schutzlosigkeit

Es war mir, als stünde ich als rohes Ei vor ihr.
Aus einer Geschichte für eine Fern-Schreibschule, um 1970

Schwein

In dieser Gegend ist das Schwein die Mutter der armen Leute.
Reichstagsabgeordneter zur Zeit der Weimarer Republik

Dass er, immerzu zwischen Genie und Wahnsinn schwan-
kend, sich in einem Anfall von Schweinemut das Ohr abgeschnitten haben soll, ist so eine Geschichte.

Der ›Südkurier‹ über Vincent van Gogh, 2009

Schwierigkeit

Wenn es einfacher wäre, wäre es einfacher.

Horst Amann, Technikchef des Berliner Großflughafens, laut
›Göttinger Tageblatt‹, 22. 12. 2012

Schwimmen

Ab einem Wasserstand von 1,20 m beginnt der Soldat selb-
ständig mit Schwimmbewegungen. Die Grußpflicht entfällt
dabei.

Dienstvorschrift der Bundeswehr

Mit Flossen schnellt man schwimm.

Mitgeteilt von Leuninger, 1993

Ein Tag ohne Schwimmen in der Oste? Für Charlotte
Burczynski undenkbar. Das gehört zu ihrem Leben, so weit
sie zurückdenken kann. »Ich brauche das, wie andere eine
Tracht Prügel«, sagt sie.

Osterholzer Anzeiger, 2003

Habt Ihr meine Badehose gesehen?

Der Sprachführer. Dänisch. Mehr Kontakt zu Land und Leuten, 1997

Seefahrt

Verstellbare Schiffsschrauben des modernen Antriebssystems machten es möglich, dass die »Queen« auch seitwärts fuhr. So konnte sie sich wie auf einer Briefmarke um die eigene Längsachse drehen.
Hamburger Abendblatt, 2005

Zur Eröffnung des Panamakanals lud der US-amerikanische Außenminister William Jennings Bryan die Schweizer Regierung ein, mit den Schiffen ihrer Marine teilzunehmen.
Nach Wallechinsky/Wallace, 1980

Tragisch war das Ende eines Steuermanns vor der belgischen Küste. Durch eine Rollbewegung der zehn Meter langen Yacht ging der Skipper über Bord. Die Mannschaft wollte ihren Chef retten, konnte aber den Dieselmotor nicht starten: Der über Bord Gefallene hatte den Schlüssel bei sich.
Der Spiegel, 27.9.2004

Hohe Ölpreise und die Endlichkeit der fossilen Brennstoffe führen zu neuen Ideen: Der Wind soll Schiffe antreiben.
Holsteinischer Courier, 2004

Service

Verfügbare Firmware nicht verfügbar.
Meldung auf Arcor Quick Starter 4.5 bei der Installation des WLAN-Modems, 2011

Sexualität

Immer, wenn ich breit bin, werde ich spitz.
Fußballer Wolfram Wuttke

08.23: ich habe mich die ganze nacht schön von meinem
köter verwöhnen lassen!
08.33: köter? so verzweifelt?
08.36: lover! drecks scheiß T9, gleiche tasten.
smsvongesternnacht.de, 2009

Als ich hörte, die haben das definitive Potenzmittel ent-
deckt, wußte ich sofort: Das wird ein Riesending!
Fernsehmoderatorin Birgit Schrowange im ›Stern‹-Interview, 1998

Die Kondome, die im Ersten Weltkrieg an die deutschen
Soldaten ausgegeben wurden, hatten die Tarnfarbe Grau.
Nach Hesse, 2009

Morgenlatte zum kleinen Preis
Angebot eines Cafés in Emmerich

Das Protokoll der Verhandlung wird wie folgt berichtigt:
»In der Scheide der Zeugin befanden sich nicht Sperrminen,
sondern Spermien.«
Landgericht München, zit. nach Hesse, 2013

Sicherheit

Die Sicherheitslage in Afghanistan bleibt insgesamt stabil,
aber sie ist labil.
*Verteidigungsminister Thomas de Maizière im ZDF-Morgenmagazin,
zit. nach ›Titanic‹, 1/2013.*

Sieg

Hier ist die Olympiasiegerin im Slalom, die frischgebackene Hilde Gerg!
Sportreporter Gerd Rubenbauer bei den Olympischen Winterspielen 1998

Afrika gewinnt Afrika-Cup
Barmstedter Zeitung, 2006

Gegen uns hätten wir auch gewonnen.
Fußballer Klaus Allofs

Soziales

Ich komme mit den meisten Kollegen klar, mit den Menschen sowieso.
Schlagersänger Wolfgang Petry in der TV-Sendung ›Die Schlager des Jahres‹, MDR, 1990er Jahre

Ich komme gut mit ihm aus und hoffe, das beruht auf Gleichgültigkeit.
Fußballer Oliver Reck

Als Mann, der »nicht von oben herab« die Leute behandelt, sondern »der versucht, in die Hocke zu gehen«. Will sagen: auf Augenhöhe mit Mitarbeitern und Zuschauern.
Der Bonner ›General-Anzeiger‹ über den WDR-Chef Tom Buhrow, 2013

Nicht vorbestraft, galt er bei seinen Verwandten und Bekannten als ein fröhlicher und umgänglicher Mensch, der, so die eigene Angabe vor Gericht, schon mal in der Lage gewesen war, während eines familiären Streits mit einem Stuhl einen Wohnzimmerschrank in Stücke zu schlagen.
Der Sonntag (Freiburg), 2007

Sparzwang

Queen Elizabeth wiegt 65 000 Tonnen, ist 284 Meter lang
und hat umgerechnet etwa 3,7 Milliarden Euro gekos-
tet. Sie ist der Stolz der britischen Kriegsmarine. Der neue
Flugzeugträger ist eines der größten Kriegsschiffe, das je in
Europa gebaut wurde. Nur einen Schönheitsfehler hat der
prachtvolle Stahlkoloss: Es gibt keine Flugzeuge an Bord.

Göttinger Tageblatt, 5. 7. 2014

Speisen

Leipziger Lerchen
Die lieblichen Sänger des Feldes
Ach, nackt und zum Fraße bereit,
Ihr werdet doch Lerchen nicht essen?
Mein Gott, ihr wärt nicht gescheit!
Die Lerche, die wahre Poetin,
Zum Himmel sich schwingend hinauf,
Ihr Nestlein, ach, sorglos am Boden,
Die Senner, sie treten darauf.
Allein der Bauer vom Lande,
Er hat ein natürliches Herz,
Mit Schonung schwingt er die Sense,
Die Sense von Stahl und Erz.
In Leipzig aber da schlachten
Die singenden Kehlchen sie
(Ach nackt und zart zum Erbarmen!),
Ein Schlachten der Poesie!

Friederike Kempner (1836–1904). Leipziger Lerchen sind ein Gebäck.

Omelette Ihrer Begierde
Schweinefleisch-Spiesse auf einem Teller gesteinigt
Sprache in Butter oder paniert

*Auf einer bulgarischen Speisekarte, zit. von Mark-Stefan Tietze
in ›Titanic‹, 12/2013*

Pilzel omelette
¼ huhm gesottenes
Hirn brat in butter

Speisekarte, Rom 1976

Lamm Luftröhre
100 % purer Knorpel,
getrocknet.
Lammluftröhre ist auch für kleine Hunde oder Senioren
sehr gut geeignet, da sie nicht so hart sind.

Angebot auf trixis zoo-burg.de, 23. 4. 2014

Spinner

Schon vor einem Jahr sagte ich, dass wir zwischen 15 und
20 Prozent erreichen. Damals hat man mich für einen Spinner gehalten. Jetzt hat sich das bestätigt!

*Ronald Barnabas Schill, Vorsitzender der Partei Rechtsstaatliche Offensive, am
Abend der Hamburger Bürgerschaftswahl 2001*

Spionage

Gräbenhausen, den 4. Jan. 1777.
    Hochedler Herr
    Auf Ihren Befehl von wegen daß ich von Zeit zu Zeit im
Lande die Runde gehe, und was ich hin und her Gutes und
Neues höre und sehe, sammlen soll, berichte hierdurch, daß

ich meinen ersten Zug gethan habe. Ich lege zugleich meinen Rapport von dem Erfolg bey (…).

Gehorsamster Rapport von meinem ersten Zug, samt was ich auf demselben Gutes und Neues erfahren habe.

Diesen Morgen vor Tags marschirt' ich ab, und kam, ungeachtet der großen Menge Schnees, doch an zwei Dörfer; ich bin aber in keins hineingekommen, sondern in Gedanken hinter um gegangen, und so bin ich wieder zu Hause angelangt, ohne das geringste erfahren zu haben, kan also für dieses mal auch nichts berichten.

»Schreiben von Görgel an seinen Herrn«, zit. in der ›Darmstädtischen Landzeitung‹, 1777

Sport

Die Spieler droschen die Bälle wie kleine Kinder über den Trainingsplatz.

Frankfurter Rundschau, 2013

The course is ganz schee schwierig.

Skiläufer Markus Wasmeier in einem Interview des US-amerikanischen Fernsehsenders ABC, 1987

Und nun wickeln die Damen
ihre hundert Meter Brust ab.

Klassisch gewordener Spruch des Sportreporters Heinz Maegerlein

Klaas wirft europäische Jahresbestzeit.

Die ›Frankfurter Rundschau‹ über die Hammerwerferin Kathrin Klaas, 2014

Schönes Wetter verspricht die Kunde der Meteororo-roro-roroorologen und auch dem Blick in der Kasse ist bisher nichts ungestrübelt. »Mit 2,22 333 Mill. Karten haben wir überhaupt nicht gerechnet«, freut sich Trainer Ödipus Germar.

Vorschau des ›Göttinger Tageblatts‹ auf ein Sportfest des ASV Köln, 9. 8. 1980. Germar, Vorname Manfred, war der Organisator der Sportveranstaltung.

Die Tabelle, die ja nie lügt, täuscht ja oft.

Fußballtrainer Felix Magath

Das Spiel wiegt hin und her.

Aus den Korrekturfahnen eines Göttinger Verlags, 2010er Jahre

Uns steht ein hartes Restprogramm ins Gesicht.

Fußballtrainer Andreas Brehme

Unglücklich verdient verloren

Neue Westfälische, 2014

Sport. Spaß. Kotz.

Verpatzter Reklameslogan der Firma Intersport Klotz für einen »perfekten Laufschuh«, 2013

Sprache

Muttersprachliger Englisch Lehrer/in gesucht.

Inserat im ›Göttinger Tageblatt‹, 1. 9. 2012

Dieses Wort, gebraucht selten, schläft im Kopf.

Eine Reiseleiterin auf Kreta, zit. nach Matthias Politycki: In 180 Tagen um die Welt, 2008

Standort

Wer als Kirchturm auf dem Dach sitzt, den umwehen viele Winde.
Altkanzler Helmut Kohl, zit. nach Zudeick, 2011

Statistisches

Bei der Pannenstatistik des ADAC schneiden deutsche Fahrzeug-Marken gut ab. Sie bleiben oft seltener liegen als die Autos anderer Hersteller.
Bergsträßer Anzeiger, 2006

Wir haben 99 % des Spiels beherrscht. Die übrigen 3 % waren schuld daran, dass wir verloren haben.
Der niederländische Fußballer Ruud Gullit

Rückgang darf nicht über Anstieg täuschen
Ahlener Tageblatt, 2006

Sterbehilfe

Menschliche Zuwendung ist die beste Sterbehilfe.
Göttinger Tageblatt, 25. 1. 1986

Tausch

Suche einen Angler, der mir beibringt, alte Uhren zu reparieren. Biete als Gegenleistung Angeln im Privatfischteich.
Inserat in der ›Allgemeinen Zeitung‹, 1997

Technik

Wir machen Fotokopien in allen Sprachen.
Schild eines Ladens in Indien, zit. nach Hesse, 2009

Dieser Bezugspunkt liegt in der zur Fahrzeuglängsmittelebene parallelen Ebene durch die Mitte des Sitzes 700 mm lotrecht über der Schnittlinie dieser Ebene mit der Sitzfläche und in 270 mm Abstand – in Richtung der Beckenstütze – vor der die Vorderkante der Sitzfläche tangierenden lotrechten, zur Fahrzeuglängsmittelebene senkrechten Ebene. Der so festgelegte Bezugspunkt gilt bei unbelastetem Sitz in der vom Zugmaschinenhersteller angegebenen mittleren Stellung.
Von der Brüsseler Kommission erlassene Richtlinie über Scheibenwischer bei land- und forstwirtschaftlichen Zugmaschinen in der Europäischen Wirtschaftsgemeinschaft, zit. nach Heindl/Schambeck, 1979

Nimmer Etwas auf den Stromschnur liegen zu gestatten. Nimmer diesen Monitor legen, wo der Schnur von Personen darauf spazierengehen grausam behandelt wird.
Aus der Bedienungsanleitung für einen koreanischen Computermonitor, 1988

Telekommunikation

Telefonieren Sie mit uns, oder rufen Sie uns an!
Fußballreporter Jörg Wontorra

leitSete aterstitnuag durch emeas-Prtaer – eaea elefüsaaruf eatferat üder m zateraet.
Anleitung für das Handy C35 von Siemens unter der Überschrift: »Siemens Service«

ey alta – du hast dein handy hier liegenlassen!
SMS, zit. nach smsvongesternnacht.de

Tempo

Deine Schnelligkeit ist unähnlich der Gottes.
Ostermann/Müller: Lateinisches Übungsbuch, zit. nach ›Ernstgemeint‹, 1940

Schumi langsam immer schneller
Passauer Neue Presse, 2012

Termin

Ich komm' dann Dienstag Mittwoch.
Mitgeteilt von Leuninger, 1993

Ein Langzeitarbeitsloser muss Behördentermine auch dann
wahrnehmen, wenn der Reißverschluss der Hose klemmt.
Urteil des Sozialgerichts Koblenz, 28. 5. 2008

Terrorismus

Die Selbstmordattentate haben zugenommen. Es gibt zu
viele.
George W. Bush in Albuquerque (New Mexico), USA, 15. 8. 2001

Ich rufe alle Länder dazu auf, alles in ihrer Macht Stehende
zu tun, um diese terroristischen Mörder zu stoppen. Und
jetzt schaut euch meinen Golfschwung an!
*George W. Bush auf dem Golfplatz von Kennebunkport (Maine),
USA, 2002*

Testament

Testament bereits zu Lebzeiten machen
Ratschlag der ›Gelnhäuser Neuen Zeitung‹

Theater

Im Kleisttheater in Frankfurt (Oder) sehen Sie um
16.00 Uhr das Schauspiel nach Heinrich von Kleist »Zum
letzten Mal« mit Michael Kohlhaas.
Wochenend Aktuell, 1994

Tierliebe

Ein unbekanntes Band der Seelen kettet
Den Menschen an das arme Tier,
Das Tier hat seinen Willen – ergo Seele –
Wenn auch 'ne kleinere als wir.
Friederike Kempner (1836–1904)

Vogelschutz- und Vogelliebhaberverein in 67258 Hessheim
(…) lädt ein zum Pferdeessen am Samstag, den 31. Juli 1993.
Annonce in der ›Frankenthaler Zeitung‹, 1993

Tierliebe geht durch den Magen
Lippische Landeszeitung, 2012

Tod

Nun, liebe Lina, schlammere sunft.
Versprecher, mitgeteilt von Leuninger, 1993

Ich habe so viele Formulare ausfüllen müssen, dass es mir bald lieber wäre, mein geliebter Mann wäre überhaupt nicht gestorben.

Brief an eine Versicherung

Sie sagten, der Schlangenbiss sei tödlich. Wie tödlich?

TV-Pastor Jürgen Fliege in seiner ARD-Talkshow, 2001

Elke ist tot. Sie starb ganz plötzlich, auf ihrem Herd stand noch frische Spargelsuppe.

Traueranzeige, 2003

Der Tod stellt aus versorgungsrechtlicher Sicht die stärkste Form der Dienstunfähigkeit dar.

Unterrichtsblätter für die Bundeswehrverwaltung. Eine geistesverwandte Regelung findet sich sowohl als §26 im nordrhein-westfälischen Reisekostenrecht als auch im Kommentar zum Bundesreisekostengesetz: »Stirbt ein Beamter während der Dienstreise, so ist die Dienstreise beendet.«

Mein geliebter Sohn ist von mir geschieden! Sanft ruhe seine Asche, die zu großen Hoffnungen berechtigte.

Todesanzeige, zit. nach ›Kuriositäten‹, 1832

Das mein Mann sc. gestorben sei, zeige ich theilnehmenden Verwandten und Freunden hiermit gehorsamst an. N.N., geborene B., Hof-Chirurgisch-anatomische Instrumentenmacher- und Bruchbandagen-Witwe.

Zeitungsanzeige, zit. nach ›Das Buch zum Lachen‹, 1830

Für uns alle unbegreiflich nehmen wir Abschied von meiner liebevollen Frau und unserer herzensguten Mama, Tochter und Schwester.

Familienanzeige im ›Göttinger Tageblatt‹, 24.8.2013

Meine über alles innig geliebte Frau ist ganz plötzlich und unerwartet von uns gegangen. In tiefer und stiller Trauer Thomas D.
(38 Jahre; 182 cm) verw., schl., attr., intell., romant., sinnl., humorv., reist gern, gut situiert, Nichtr. jetzt täglich zu erreichen ab 18 Uhr Handynummer 0151/(...)
Todesanzeige, zit. nach Sprang/Nöllke, 2011

Im Königssee-Gebiet haben Bergsteiger eine völlig verweste Leiche gefunden. Knochenteile lagen im größeren Umkreis verstreut, daneben englische und deutsche Münzen. Mysteriös: Es wird niemand vermißt, auf den die Beschreibung paßt.
tz (München), 1997

Tragik

Nicht schlecht staunten die Trauergäste einer Beerdigung in Moinesti (Rumänien), als aus dem offenen Sarg, den die Totengräber über eine Straße zum Friedhof trugen, ein Gesicht auf sie herabblickte. Die vermeintliche Leiche, eine Frau, sprang aus dem Sarg und rannte die Straße hinab davon. Sie kam einem Auto in die Quere, wurde überfahren und starb.
Nach Blundell, 1986

Der Tod ist ein arges Schicksal, voll der Trübnis und Tragik. Doch zuhauf belustigen sich herzensrohe Naturen derzeit am Hinschied unglückseliger Mitmenschen, lachen über Todesfälle wie den
• des Ballaststoff-Fundamentalisten im Sinai, der aufgrund einer Dauer-Diät aus Bohnen, Zwiebeln und Kraut derart viel Darmgas emittierte, daß der Sauerstoffgehalt in seiner

röhrenartigen Wohnhöhle unter die Lebensgrenze sank –
»mors per flatum«, Tod durch Abwind, konstatiert der
Obduktionsbericht; (…)
• des Opernsängers im Halbschlaf, der sich statt des früh-
morgens klingelnden Telefons seinen daneben liegenden
Revolver vom Nachttisch griff – zu dem Knall hörten die
Nachbarn einen Wehlaut, der an Cavaradossis Schmerzens-
schreie (Tosca, 2. Akt) erinnerte, doch bis die Sanitäter kamen, war er schon verblutet.

*Der Spiegel, 5. 1. 1998, über den Darwin Award, der »jenen Vertretern der Spe-
zies zuerkannt (wird), die sich auf die spektakulärste und denkbar blödeste Weise
aus dem Gen-Pool der Menschheit entfernt haben«.*

Zur tragischen Figur wurde Dresdens Sergio Allievi. Erst
erfuhr der Ex-Lauterer vom Tod seines Vaters, dann traf er
nur die Latte.
Bild, 1990

Überflüssigkeit

Ich fühle mich wie das fünfte Rad am Bein.
Talkgast bei ›Andreas Türck‹, Pro7, 1999

Überraschung

Ich bin fast aus allen Socken gefallen.
Mitgeteilt von Leuninger, 1993

Ein Überraschungs-Sack kostet 19,95 DM. Der Inhalt eines
jeden Sackes hat einen Wert von 19,95 DM. Sie können also
nur gewinnen!
Passauer Woche, 1997

Überraschungen sind bei einem wirklich stark besetzten Turnier in der ersten Runde manchmal ebenso oft die Regel wie die Ausnahme.
Schach-Echo, 1990

Da denkt man an nichts Böses, sucht ein Bordell auf und trifft dort den Mann, der einem eine Woche zuvor das Auto geklaut hat.
Aussage eines Beschuldigten laut einer Pressemitteilung der Polizei Bochum, 7.8.2003

Oha
Ortschaft im Landkreis Rendsburg-Eckernförde, Schleswig-Holstein

Uhrzeit

Es ist soeben acht Uhr, fünf Minuten und 21 Stunden.
Radioversprecher, zit. nach Franke, 1996

Um 28 Uhr 15.
Lehrerzitat, 1970er Jahre

Es ist genull nau Uhr.
Radioversprecher, zit. nach Franke, 1996

Mit dem Gongschlag ist es
6 Mark 30!
Radioversprecher, zit. nach Rauch, 1979

Unfall

Ein furchtbarer Knall ließ heute früh die Passanten der
Wilhelmstraße vor Schreck fast erstarren, selbst ein Pferd
fiel um und streckte seine vier Buchstaben in die Höhe.
Bochumer Zeitung, 6. 8. 1900

Wenig Weitblick bewies ein 35jähriger Berliner, der bei
Baumpflegearbeiten den Ast absägte, auf dem er saß. Der
Mann stürzte nach Angaben der Polizei aus fünf Meter
Höhe ab und mußte schwer verletzt in ein Krankenhaus
gebracht werden.
dpa-Meldung, 2. 8. 1985

Zehenbruch mit blauem Auge
Nürnberger Zeitung, 2013

Ich habe mir den rechten Arm gebrochen, meine Braut hat
sich den Fuß verstaucht. Ich hoffe, Ihnen damit gedient zu
haben.
Schreiben an eine Kfz-Versicherung

Meine Frau stand aus dem Bett auf und fiel in die Scheibe
der Balkontür. Vorher war sie bei einem ähnlichen Versuch
aufzustehen gegen die Zentralheizung gefallen.
Schilderung des Unfallhergangs an eine Versicherung

Ein Fußgänger kam plötzlich vom Bürgersteig ab und verschwand wortlos unter meinem Wagen.
Schreiben an die Bußgeldstelle Kassel, 2009

Schon bevor ich ihn anfuhr, war ich davon überzeugt,
dass dieser alte Mann nie die andere Straßenseite erreichen
würde.
Schreiben an eine Versicherung

In einer Linkskurve geriet ich ins Schleudern, wobei mein
Wagen einen Obststand streifte und ich – behindert durch
die wild durcheinanderpurzelnden Bananen, Orangen und
Kürbisse – nach dem Umfahren eines Briefkastens auf die
andere Straßenseite geriet, dort gegen einen Baum prallte
und schließlich – zusammen mit zwei parkenden Pkws –
den Hang hinunterrutschte. Danach verlor ich bedauer-
licherweise die Herrschaft über mein Auto.

Aussage eines Autofahrers zu seinem Unfall, zit. nach Hessische/Niedersächsische
Allgemeine, 7.8.2004 und 12.11.2007

Die Braut den Rückgrat gebrochen,
Der Bräutigam leicht verletzt;
Gar stark die Herzen pochen,
Tragischer Unfall zu guter Letzt.

Mary Stirnemann-Zysset (1881– ?)

Ich sah ein trauriges Gesicht langsam vorüberschweben.
Dann schlug der Herr auf dem Dach meines Wagens
auf.

Bericht an eine Kfz-Versicherung

In Sekunden sah das Auto wie ein um den Baumstamm
gekrümmter, mit tiefen Runzeln gezeichneter Blechwurm
aus.

Aus einer Geschichte für eine Fern-Schreibschule, um 1970

Während der 27jährige unverletzt blieb, erlitt der hinten
mitfahrende kinderarttzt Polatzwunden und Prfellunge.
»Üpber den Zusatnd der Säuflinge«, so ein polizeisprecher,
»iust uns nihcts bekannt.«

Extra Tip (Göttingen), 4.10.2006

Unterschied

Damit es Unterschiede gibt, muß es ja auch Unterschiede geben.
Angela Merkel, zit. nach ›Konkret‹, 9/2013

Von einer derart strengen Unterscheidung sei (…) jedoch wegen ihrer Strenge abgesehen.
Birgit Knühl: Die Komik in Heinrich Wittenwilers »Ring«, 1981

Urlaub

Am Flugplatz benutzen Sie einen Mini-Doppelventikel-kegelbus, der Sie weg an unsere Türstufe fallenlässt.
Internetseite des Bavaria Bed & Breakfast Hotels in Auckland, 2006

In Florida könnte ich Tag und Nacht
in der Sonne liegen.
Howard Carpendale in der RTL-Sendung ›7 Tage, 7 Köpfe‹, 1998

Ein Missverständnis aufgrund ihres sächsischen Dialekts hat eine Frau vor Gericht gebracht. Sie verlor einen Rechtsstreit gegen das Reiseunternehmen L'Tur, weil sie sich weigerte, ein versehentlich gebuchtes Flugticket zu bezahlen. In bestem Sächsisch hatte die 53-Jährige, die in Stuttgart lebt, am dortigen Flughafen einen Flug »nach Bordo« (nach Porto) buchen wollen und stattdessen ein Ticket ins französische Bordeaux bekommen. »Versteht der Empfänger eine undeutlich gesprochene Erklärung falsch, so geht dies grundsätzlich zulasten des Erklärenden«, urteilte das Gericht.
dpa-Meldung, 15. 9. 2012

Solche Berge gibt es nur in den Bergen.
Gunther Emmerlich in ›Zauberhafte Heimat‹, ARD 1999

Strände gibt es auf der Insel wie Sand am Meer.
Frankfurter Allgemeine Zeitung, 2001

Verbesserung

Je mehr man sich verbessert, desto besser ist das.
Sportreporter Gerhard Delling, 2014

Verbrechen

Die Leiche war zerstückelt in einem Sack aufbewahrt, so
daß Selbstmord ausscheiden dürfte.
*Polizeiprotokoll, zit. in der ›Festschrift des Polizeichors Göttingen zum 10jährigen
Jubiläum 1986‹*

In H. wurde ein unbekannter Toter gefunden. An der Lei-
che fehlten Kopf, Füße und Hände. Sonst wurden keine
Spuren von Gewalt festgestellt.
Pressemeldung, zit. nach ›Zeugen liegen bei‹, 1976

Er hat mir gedroht, mich umzubringen!
– Und, hat er seine Drohung wahrgemacht?
Dialog in der RTL-Talkshow ›Bärbel Schäfer‹, 2004

Die weiteren Ermittlungen erbrachten, daß die Genannte
außerdem mittels einer Eidechse das Bein des Mitarbeiters
Jürgen N. beschädigte.
Polizeibericht, zit. nach ›Zeugen liegen bei‹, 1976

Der Überfall kommt für das Schreibwarengeschäft zur
Unzeit.
Cellesche Zeitung, 2014

Vergewaltigung – Polizei fast Täter
Waldeckische Landeszeitung, 2009

Um 7:50 Uhr betrat ein Mann das »Burger King«-Restaurant in Ypsilanti, einem Ort im US-Bundesstaat Michigan, und forderte mit vorgehaltener Pistole die Herausgabe des Kasseninhalts. Der Verkäufer erklärte ihm, dass er ohne eine Bestellung die Kasse nicht öffnen könne. Daraufhin bestellte der Mann Zwiebelringe. Der Verkäufer erwiderte, die gebe es zum Frühstück nicht. Daraufhin verließ der Mann frustriert das Lokal.
Nach einer Meldung der ›Ann Arbor News‹, mitgeteilt von Hesse, 2013

Polizei ermittelt in Bushidos Oberstübchen
Schlagzeile auf sueddeutsche.de, 2013

Der Täter hatte sich freiwillig zur Behandlung in eine psychiatrische Einrichtung begeben. Es besteht Suizidgefahr. Daher sei nicht mit Wiederholungsgefahr zu rechnen.
Echo zum Sonntag, 2012

Killer
Ortschaft im Zollernalbkreis, Baden-Württemberg

Vererbung

Bei Gottfried Böhm lagen die Gene bereits in der Wiege.
Kölner Stadt-Anzeiger, 2014

Vergangenheitsbewältigung

Am 55. Jahrestag des Beginns der Massenverhaftungen durch die Gestapo am 9. Februar 1945 in Dortmund legten Vertreter des Internationalen Rombergpark-Komitees einen Kranz an der Gedenktafel an der Kommandomauer in Brackel nieder. Mehrere Hundert Verhaftete wurden anschließend im Rombergpark ermordet.
Ruhr Nachrichten, 2000

Vergnügen

Ich möchte lieber vier Tage toll leben als acht Tage gar nicht.
Äußerung einer Hausfrau und Mutter, zit. in ›Hand aufs Hemd‹, 1976

Mein Partyleben muss ich jetzt auf 100 Prozent reduzieren.
Jenny Elvers in ›Exclusiv‹, RTL 2001

Verhörer

Postboten (statt: Ostgoten)
Lukasburger Stilblüten, 1958

Lucy and this guy eat lions (statt: Lucy in the sky with diamonds)
Verhörer des Schriftstellers Jochen Schmidt, mitgeteilt in der ›tageszeitung‹, 19. 3. 2000

Das Protokoll der Verhandlung (…) wird wie folgt berichtigt: Die Angeklagte ist nicht bei den Sieben Zwergen, sondern bei den Siemenswerken beschäftigt.
Landgericht Regensburg, 1983

Verkehr

In der Grafschaft Yorkschire, in England soll eine hohe
Säule mit der Aufschrift stehen: Links geht der Weg nach
Halifax, rechts nach York; wer nicht lesen kann, geht ge-
radeaus.

Mitgeteilt in ›Kuriositäten‹, 1832

Vor allem in den Bergen, da können Schneematz und über-
frierende Glässe für schnarchglatte Straßen sorgen.

Fernsehjournalist Manfred Bleskin auf n-tv, 2003

Der Zug fuhr auf dem Bahnsteig ein und langsam entleerten
sich sämtliche Fahrgäste.

*Erlebnisaufsatz eines Schülers, zit. nach ›Lukasburger Stilblüten‹, 1958. Dort
als Faksimile der Handschrift. Wird häufiger auch in der Fassung »Der Zug
hielt mit kreischenden Bremsen, und die Fahrgäste entleerten sich auf den
Fahrsteig« zitiert.*

Diese Brücke ist sechs mal vier Kilometer schwer.

*Erläuterung eines Reiseleiters beim Afghanistanbesuch des CDU-Politikers
Franz Josef Jung, zit. nach ›die tageszeitung‹, 12.11.2010*

Hände weg vom Gaspedal!

Verkehrsdurchsage auf Radio Hamburg

Fünf Mark Sprit pro Liter sind mit uns nicht zu machen.

Gerhard Schröder als Kanzlerkandidat, ZDF-Interview, 29.3.1998

Verleser

Ermordung (statt: Einordnung)
Patientenwechsel (statt: Präsidentenwechsel)
Geisteskrankheiten (statt: Geisteswissenschaften)

Trinkhallen (statt: Think-Tanks)
Homosexuell (statt: Sex auf dem Hochseil)
Blumenkohl (statt: Bhumiphol, Thailands König)

Fundstücke bei der Zeitungslektüre, 2005–2014

Er las immer Agamemnon statt »angenommen«, so sehr
hatte er den Homer gelesen.

*Georg Christoph Lichtenberg (1742–1799) in seinem Sudelheft G (Eintrag
Nr. 187). War vermutlich gemünzt auf den Homer-Übersetzer Johann
Heinrich Voß.*

Wo aber steht's geschrieben, frag' ich, daß von allen
Ich übrig bleiben soll, ein andrer für mich fallen?
Wer immer von euch fällt, der stirbt gewiß für mich;
Und ich soll übrig bleiben? Warum denn nicht?

*Verleser eines im Ersten Weltkrieg im Lazarett liegenden Leutnants bei der
Lektüre eines Gedichts von Walter Heymann. Richtig gelesen, hätte der
Schluss lauten müssen: »Warum denn ich?« Mitgeteilt von Freud, 1901*

Die ganze Hirnrinde zum halben Preis!
(statt: Hinrunde)

Verleser einer ›Titanic‹-Beiträgerin, mitgeteilt in Nr. 1/2013

Verschreiber

einseitigen Lesern (lies: einsichtigen Lesern)
Beritten (lies: Puriten)
Damen (lies: Ammen)
Furchtbarkeit (lies: Fruchtbarkeit)
gefürstete (lies: gefürchtete)
Kuchenfreund (lies: Tugendfreund)
Lehmgrube (lies: Löwengrube)
Lob (lies: Leib)
schon hundert (lies: John Hunter)

sehr dumm (lies: Irrtum)
Unform (lies: Uniform)
Zeuge (lies: Zunge)
Verwehrung (lies: Vermehrung)
Vermehrung (lies: Vermählung)

Aus Johann Wolfgang Goethes Beitrag »Hör-, Schreib- und Druckfehler«,
den er 1820 in seine Zeitschrift ›Über Kunst und Altertum‹ publizierte.
»Den Sprachgelehrten ist es längst bekannt«, schreibt Goethe einleitend, »daß
bei Verbesserung alter Manuskripte manchmal bemerkt wird, daß solche diktiert
worden und daß man daher auf Hörfehler, woraus die Schreibfehler entstehen,
aufmerksam zu sein Ursache habe. Hiervon kann ich aus eigener Erfahrung die
wunderbarsten Beispiele anführen (…).«

Versöhnung

Versöhnung ist nämlich eine mühselige christliche Drecks-
arbeit. Versöhnung versucht, aus Dreck wieder Menschen
zu machen, wie am Anfang der Schöpfung.

Pastor Jürgen Fliege in der Münchner ›Abendzeitung‹, 2007

Versprechen

Sie haben mir das Grüne vom Ei versprochen.

Prinz Carl Alexander von Hohenzollern, 1998

Ich mache nicht nur leere Versprechungen, ich halte mich
auch daran.

Edmund Stoiber im Wahlkampf 2005

Das neue Reisebüro verspricht den Kunden goldene Berge.

Aus einem polnischen Deutschlehrbuch, 1995

Versprecher

Es gab 40 Mordmeldungen.
Franz Müntefering auf dem SPD-Parteitag 2009

Dann bedarf es nur noch eines kleinen »Sprühens« sozusagen in die gludernde Lot, in die gludernde Glut, in die lodernde Glut, wenn ich das sagen darf.
Edmund Stoiber im Bundestagswahlkampf 2002

Gebrecherverhirne (gemeint: Verbrechergehirne)
A prapa, Popo! (gemeint: A propos, Papa!)
Denile Semenz (gemeint: Senile Demenz)
Piprikaschnatzl, Schniprikapatzl (gemeint: Paprikaschnitzel)
Mitgeteilt von Meringer/Mayer, 1895

Eine Prachtel Schalinen
Mitgeteilt von Leuninger, 1993

Pazierschweinzwang (gemeint: Passierscheinzwang)
Stasel-Spitzi (gemeint: Stasi-Spitzel)
Mitgeteilt von Walsdorff, 1997

Das kann man sich nicht aus den Lippen reihern.
Versprecher, aufgeschnappt auf der Frankfurter Buchmesse, 9.10.2013

Vertrag

Käufer unterschreibt, dichtung und die Vertrag Verkäufer, dumpf unter Dach und Fach.
Regelung des chinesischen Onlinehändlers Alibaba, german.alibaba.com, 29.9.2014

Vertrauen

Das Vertrauen ist riesig. Ich sehe das immer wieder, wenn die Leute auf mich zukommen und zu mir sagen: Lassen Sie mich nicht noch mal im Stich.

US-Präsident George W. Bush in Boston, 3.10.2000

Verzweiflung

Er rauft sich den Kopf.

WDR 2-Sportchefin Sabine Töpperwien, Bundesligasaison 2009/10

Völkerkunde

Die Mehrzahl der in den Vereinigten Staaten lebenden Indianer sind libyscher Herkunft.

Muammar al-Gaddafi im Glückwunschtelegramm zu Ronald Reagans Amtsantritt, 1981

Gibt es bei Ihnen auch Schwarze?

George W. Bush zum brasilianischen Staatspräsidenten Fernando Henrique Cardoso, 8.11.2001

Wahrheit

Es ist nicht immer alles wahr, was stimmt.

Fußballer Stefan Wessels

Wie so oft liegt auch die Mitte in der Wahrheit.

Fußballmanager Rudi Völler

Wald

O seliges Entzücken!
O schöner, grüner Wald!
Könnt' ich an's Herz dich drücken,
Geliebter Aufenthalt.
Friedrich Heinrich Otto Weddigen (1851–1940), zit. nach
›Äolsharfen-Almanach‹, 1896

Die Eintragung in ein Waldverzeichnis begründet nach
§ 2 Absatz 2 HFG die Vermutung, daß die eingetragene
Grundfläche Wald ist.
Erlass des hessischen Innenministers über »Bauliche Anlagen in der Nähe des
Waldes«, Staatsanzeiger, Nr. 36, 1983

Nadelholz mit Rinde ist Holz im Sinne des Absatzes 2,
wenn es von Nadelholzarten stammt und noch mit Rinde
ist.
Österreichisches Bundesgesetz über Maßnahmen zum Schutz des Waldes, 1963

Wandern

Wir waren vier Stunden lang aufgestiegen. Wie oft wollte
sich da mein schwieliger Fuß zusammenrollen, ein weiches
Bett graben, um einzuschlafen und nie mehr aufzuwachen.
Aus einer Geschichte für eine Fern-Schreibschule, um 1970

Gebrauche die in der Hütte befindlichen Ess- oder sonsti-
gen Vorräte nur in dringenden Notfällen. Vielleicht nach
deinem Weggang kommt ein erschöpfter Wanderer, der
ohne diese vergeht.
In einer Schutzhütte im finnischen Lappland, zit. nach ›WimS woher‹, 1979

Der müde Wandrer sitzt am Steg,
Vorüber eilet der Fluß,
Am Ufer lehnend, die Hände gekreuzt,
Und badet den müden Fuß.
Die Hände so braun, und braun ist der Fuß,
Noch brauner ist das Gesicht,
Wo kam er nur her, der müde Gesell?
Wahrhaftig, ich weiß es nicht.

Friederike Kempner (1836–1904)

Warnung

Das rächt sich wie das Amen in der Kirche.

Helmut Kohl

Wasser

Das Wasser ist Leben. Schmeiss das nicht.

Aufkleber über den Waschbecken, Flughafentoilette Palma de Mallorca, 2012

Tatsächlich beim Kochen wächst das Wasser und sollte es
der Tülle austreten, würde es den Flötenton hindern und die
selbe Flöte schädigen.

*Gebrauchsanleitung für einen Wasserkessel, zit. nach ›Sie müssen nur
die Welle‹, 1993*

Wasser bedeutete Leben in Ägypten, für die Lebenden wie
für die Toten.

*Texttafel in der Ausstellung »Die Macht der Toga« im Hildesheimer Römer- und
Pelizaeus-Museum, 2013*

Weigerung

Meine Herren, man wird uns nicht ein zweites Mal als
Rosinen vor den Wagen spannen.
Aus einer Reichstagsrede von 1931, zit. nach ›Unfreiwilliger Humor‹, 1935

Ich hab mich mit Fänden und Hüßen gewehrt.
Versprecher, mitgeteilt von Leuninger, 1996

Weihnachtsbrauchtum

In Finnland gibt es als Weihnachtsbraten typischerweise den
Weihnachtsbraten auf den Tisch.
Aachener Zeitung, 2014

Wertsack

Der Wertsack ist ein Beutel, der aufgrund seiner besonderen
Verwendung im Postbeförderungsdienst nicht Wertbeutel,
sondern Wertsack genannt wird, weil sein Inhalt aus meh-
reren Wertbeuteln besteht, die in den Wertsack nicht ver-
beutelt, sondern versackt werden. Das ändert aber nichts
an der Tatsache, daß die zur Bezeichnung des Wertsackes
verwendete Wertbeutelfahne auch bei einem Wertsack als
Wertbeutelfahne bezeichnet wird und nicht Wertsackfahne,
Wertsackbeutelfahne oder Wertbeutelsackfahne.

Sollte es sich bei der Inhaltsfeststellung eines Wertsackes
herausstellen, daß ein in einen Wertsack versackter Ver-
sackbeutel statt im Wertsack in einem der im Wertsack
versackten Wertbeutel hätte versackt werden müssen, so
ist die in Frage kommende Versackstelle unverzüglich zu
benachrichtigen.

Nach seiner Entleerung wird der Wertsack wieder zu einem Beutel und er ist auch bei der Beutelzählung nicht als Sack, sondern als Beutel zu zählen.

Bei einem im Ladezettel mit dem Vermerk »Wertsack« eingetragenen Beutel handelt es sich jedoch nicht um einen Wertsack, sondern um einen Wertpaketsack, weil ein Wertsack im Ladezettel nicht als solcher bezeichnet wird, sondern lediglich durch den Vermerk »versackt« darauf hingewiesen wird, daß es sich bei dem versackten Wertbeutel um einen Wertsack und nicht um einen ausdrücklich mit »Wertsack« bezeichneten Wertpaketsack handelt.

Verwechslungen sind insofern im übrigen ausgeschlossen, als jeder Postangehörige weiß, daß ein mit Wertsack bezeichneter Beutel kein Wertsack, sondern ein Wertpaketsack ist.

Merkblatt der Deutschen Bundespost, 1970er Jahre

Wettbewerb

Die Breite an der Spitze ist dichter geworden.
Fußballtrainer Berti Vogts zugeschrieben. Möglicherweise stammt das Zitat ursprünglich vom früheren DFB-Präsidenten Hermann Neuberger.

Aleksandra unter den Topf Fünf bei Casting-Show
Schlagzeile der ›Oldenburgischen Volkszeitung‹, 2011

Noch immer ist die Spitze vorn.
Eurosport-Reporter Klaus Angermann bei der Rad-WM 1998

Sieger kommen als Erste durchs Ziel.
Stader Tageblatt, 2005

Wetter

In Hessen gesichtsweise Behinderung durch Nebel.
Versprecher, mitgeteilt von Leuninger, 1993

Am morgen bleibt es abends wieder länger hell.
Uckermark Kurier, 2007

Die Temperaturen steigen bis auf 17 Uhr.
Fränkischer Tag, 2010

Unter schwachem Hochdruckeinfluß hält sich feuchtkalte,
aber milde und trockene Luft über unserem Raum.
Stuttgarter Zeitung, 1996

Das Wetter: Sonne scheut das Licht
Lippische Landeszeitung, um 2000

Das Wetter zieht wieder ins Freie.
Stader Tageblatt, 2005

Vom Atlantik heranziehende Tiefausläufer überqueren
zunächst noch unser Wetter.
Tauber-Zeitung, 1993

Meist schien die Sonne in Strömen.
Schülerzitat in ›Professor Mammuts Stilblüten‹

Wir-Gefühl

Einzelschafhalter! Schließt euch zu genossenschaftlichen
Herden zusammen!
In der DDR 1956 ausgegebene Losung

Gemeinschaftsgrab fördert das Miteinander
Leonberger Kreiszeitung, 2007

Wirtschaft

In Paris werden Spiegel verfertigt, die ohne Glas und Rahmen wohl 12 000 Taler kosten.
Schulprofessor Johann Georg August Galletti (1750–1828)

Die diplomatischen Anstrengungen zur Vermeidung eines Golf-Krieges laufen noch, und schon richten wir uns darauf ein, noch einmal davongekommen zu sein. Ist es in einer solchen Situation nicht erlaubt, auch der Hutbranche ein wenig Mut zu machen?
Branchenblatt ›Modellhut‹, 1991

Sie haben Spaß am Verkauf und Führen von Menschen?
Stellenanzeige in der ›Frankfurter Allgemeinen Zeitung‹, 2001

Kosten-Nutten-Denken
Aus einem mit der Texterkennungssoftware OCR eingescannten Artikel, 2014

Das Ergebnis soll nicht nur Hand, sondern auch Fuß haben. Reichen Sie uns Ihre Hände und legen Sie Ihr Haus in unsere. Denn wir arbeiten nicht nur mit vielen, sondern spucken auch in die selbigen.
Anzeige im ›Harzer Wirtschaftsblatt‹, 2007

Verein ohne Erbszweck
Aus der Einladung zur Welt-Karikatur-Ausstellung in Knokke-Heist (Belgien), 1974

Öl nach Arabien zu exportieren gelang der englischen Firma Permaflex aus Stoke-on-Trent. Die Firma Eastern Sands and Refractories aus Cambridge verschiffte Sand in das Wüstenemirat Abu Dhabi.

Meldungen der ›Export Times‹, 1975

Wohnkultur

Artgerechtes betreutes Wohnen
Reklame für ein Bauvorhaben in Eppingen-Rohrbach, 2001

Möbl. 2fenstr. mittelgr. Studierzimmer gesucht z. 1. März in neuem Hause 1–2 Tr. (4 Tr., wenn Lift) f. ält. disting., ab. schnarch. Herrn, W., SW., n. üb. 30 M., einfach, s. ruh., hell., luft., k. staubhaltend. Trepp., k. Polstermöb., (Chaisel. genügt), Nordf. (i. Somm. Schatt.), Asph. od. Gartenh. neuere Möb. o. Wanz., franz. Bett, hermet. Kachelof., groß. Schreibt., Papierkb., hell., saub. Klos., Wohng. o. keif. aufdring. neug. Weiber u. gröhl., klimp., läst., überflss. Töcht., o. Türw. u. Kindergeschr., o. trink. krakehl. Ehem. u. dgl., Verständn. f. Of., Lampe usw. angenehmer.

Anzeige in der ›Vossischen Zeitung‹ (Berlin), 16. 2. 1902

Schon jetzt lebt jeder vierte Deutsche allein, in wenigen Jahren gilt das für jeden fünften, wenn die Entwicklung anhält.

Rhein-Zeitung, 2012

Duroy verspürte ein eigentümliches Staunen, fast etwas wie eine Verlegenheit, deren Ursache ihm nicht ganz klar wurde, über das Mißverhältnis dieser gepflegten, raffinierten Eleganz und der allzu aussälligen Uzeuühhertheit um die Wohnung, die sie innehatte.

Guy de Maupassant: Bel Ami, deutsch von Ernst Sander

Die Inkompetenzkompensationskompetenz der Wohnungs-
eigentümerversammlung, also die ihr von der Rechtspre-
chung und der Literatur eingeräumte und von ihr in An-
spruch genommene Kompetenz, die eigene Inkompetenz
durch Beschlussfassung zu kompensieren, ist Wohnungs-
eigentümergeschichte geworden.
Zeitschrift für die Notarpraxis, 2001

Wohnung

Ein Bankschließfach ist keine Wohnung.
Beschluss des Bundesgerichtshofes, 2003

Ein Verschollener hat seinen Wohnsitz bei der Ehefrau.
*In dieser Form und mit dem Nachweis »Finanzgericht Düsseldorf EFG 58, 144«
sowohl in Norbert Golluchs Sammlung von »Meisterleistungen der Beamtensprache« (2010) als auch auf etlichen Internetseiten veröffentlicht. Richtig lautet
der Satz weit weniger lustig »Ein Verschollener hat seinen fiktiven Wohnsitz
bei der Ehefrau« und steht im Kommentar zu § 8 der Abgabenordnung in dem
juristischen Standardwerk ›Abgabenordnung – einschließlich Steuerstrafrecht‹,
München 6. Aufl. 1998, der also die Entscheidung des Finanzgerichts nicht
wörtlich zitiert, sondern sinngemäß zusammenfasst.*

Suche Häuschen oder 3-Zi.-Whg. mit Garten in B. W.,
Hund vorhanden. Kann auf Wunsch eingeschläfert werden.
Inserat in der ›Windsheimer Zeitung‹, 1999

Billige Wohnungen werden immer teurer.
Westfalenpost, 1998

Zeit

Die Zeit ist heute und nicht gestern.
Rennfahrer und Unternehmer Niki Lauda, zit. nach ›Titanic‹ 3/2005

Ich habe viel erlebt – gerade in der Vergangenheit.
Schwimmsportlerin Franziska van Almsick, 2007

In der Nacht von Samstag auf Montag
Fußballvereinsmanager Rudi Assauer

Zeitgeist

Wir haben die Nase ständig im Wind der Kunden!
Telekom-Manager, zit. in ›Express‹ (Schweiz), 1997

Der Wind des Zeitgeists ist nicht der Wind der Bevölkerung.
Helmut Kohl, zit. nach Zudeick, 2011

Trendsportarten liegen im Trend.
Ostsee-Zeitung, 2012

Zufall

Der Mensch spinnt an, der Zufall webt.
Aus einem von Kurt Tucholsky 1928 rezensierten italienischen oder italoschweizer Taschen-Notizkalender

Zukunft

Wir bauen das Heute schon morgen.
Titel einer Veranstaltung zu Ehren des IX. Parteitages der SED, zit. nach ›Kultur aktuell‹ (Halle), 1976

Geht es denn nun wirklich an, dass wir nur an den Teller-rand des morgigen Tages denken?
Helmut Kohl, zit. nach Zudeick, 2011

Ich habe in der Vergangenheit gute Entscheidungen getroffen, und ich habe in der Zukunft gute Entscheidungen
getroffen.

George W. Bush als Gouverneur von Texas (1994–2000), zit. nach
›Der Spiegel‹, 12. 3. 2001

Von der Zukunft erwarte ich, dass sie so wird, wie sie bis
jetzt war.

Verona Pooth

Die Mutter aller Komik
Nachwort

Lachen: Unter den mancherlei Eigenschaften, die den Menschen aus dem Tierreich herausheben, ist diese Fähigkeit vielleicht die schönste. Zwar können auch Hunde Freude empfinden und Affen vergnügt sein, doch das Talent, Komisches wahrzunehmen und Komik zu erzeugen, dürfte dem Homo sapiens vorbehalten sein. Zumindest hat nur er es geschafft, diese Begabung voll zu entfalten: Er kann nicht einfach nur lachen, sondern auch aus-, be- und mitlachen, er kann lächeln, schmunzeln, grinsen und feixen, herumalbern und frotzeln, Galgenhumor haben und schadenfroh sein, neckisch, spöttisch, sarkastisch, zynisch sein, Personen, Sachverhalte und Reden, kurzum: alles lustig finden.

Die Humorindustrie lebt von dem Wunsch ihrer Kunden, lachen zu wollen. Doch auch das normale Leben steckt bereits voller Komik. Man muss es nur bemerken. Tatsächlich bemerken es viele: Was Familienmitglieder, Freunde, Bekannte und Nachbarn zum Besten geben – oft sind es lustige Begebenheiten und kuriose Äußerungen, ja sogar Ärgerliches und Peinliches, das, mit ausreichend zeitlichem und emotionalem Abstand, harmlos geworden ist und belacht werden kann.

Was nicht gewöhnlich ist, was nicht dem normalen Trott gehorcht, kann sehr lustig sein. Ob aus Gedankenlosigkeit, Zerstreutheit oder Verlegenheit, aus Unsicherheit oder Unaufmerksamkeit, wegen Über- oder Unterforderung, aus Übereifer, Verkennung der Wirklichkeit oder welcher Ursache auch immer: Gründe, etwas falsch zu machen, gibt es reichlich. Entsprechend groß ist das Feld der unfreiwilligen Komik. Im Denken, Reden und Handeln, ungewollt, ungeplant und unvermeidlich trägt jedermann zu ihr bei. Und erzählt, was andere sich geleistet haben: Die unfreiwillige Komik ist die Mutter aller Komik.

In der Biografie von Satirikern und Komödianten übrigens ein wiederkehrender Topos: Dass sie als Kind ein ernst gemeintes Werk vortragen wollten und damit bei Eltern oder Lehrern stürmische Heiterkeit ernteten. Ein ähnliches Erweckungserlebnis hatte der Fernsehkomiker Wigald Boning, der als angehender Reporter »ernsthafte, journalistisch fundierte Interviews führen« wollte, »die dann aber aufgrund schlechter Vorbereitung oder leichten Unwohlseins oder sonstiger Mängel in Komik abgeglitten sind. Es hat mich am Anfang sehr geärgert, dass Leute dann sagten: Huch, da hast du ja ein lustiges Interview gemacht«, gestand er 1996 in einem ernsthaften, journalistisch fundierten Interview.

Haben komische Autoren zu ihrer Berufung gefunden, geht es ähnlich weiter, jetzt aber mit Absicht: Unfreiwillige Komik regt zu artifizieller an. Schon Ludwig Eichrodt und Adolf Kußmaul nahmen Mitte des 19. Jahrhunderts den Minderdichter Samuel Friedrich Sauter liebevoll aufs Korn, indem sie sich zur Kunstfigur des Verseschmieds »Gottlieb August Biedermaier« anregen ließen und unter diesem Pseudonym – das später einer ganzen Epoche den Namen gab – unsäglich herrliche Gedichte publizierten. In den 1980er Jahren schob Berndt W. Wessling seine mit Bedacht komponierte humoristische Lyrik Julie Schrader, seiner unbedarften Großtante, in die Schuhe; zuletzt war es Eckhard Henscheid, der bewusst im schön schadhaften Stil des im Nebenberuf als Poet dilettierenden Herausgebers der ›Frankfurter Rundschau‹ Karl Gerold dichtete. Was Eichrodt/Kußmaul, Wessling und Henscheid hier produzierten, sind Parodien auf einen Autor, einen Epochenstil oder einen Zeitgeist – ein Befund, der die These vom unfreiwillig Komischen als Fundament der Komik stützt: Die Parodie enthüllt ein vorhandenes, aber den Augen der meisten Beobachter verborgenes komisches Potenzial.

Weil der Mensch sich wesentlich durch seine Sprache definiert, ist häufig sie es, die für Beispiele ungeplanten, unerwarteten Frohsinns sorgt. »Die deutsche Sprache ist auf einen so hohen Grad der Ausbildung gelangt, dass einem jeden an die Hand gegeben ist, (…) sich dem Gegenstand wie der Empfindung gemäß nach seinem Vermögen auszudrücken«, behauptete bereits Johann Wolfgang Goethe und hatte die Kehrseite nicht bedacht: Mit dem hohen Grad der Ausbildung der deutschen Sprache nehmen die Schwierigkeiten zu, mehren sich die Fehlerquellen und Stolperfallen. Wer in einem schwachen Moment den gestiegenen Anforderungen nicht gerecht wird, dem unterlaufen Missgeschicke, die zum Lachen reizen können.

Um sofort dem Vorurteil zu begegnen: Solche Missgeschicke müssen keine Folge von Dummheit oder Unbildung sein, sie können jedem passieren. »Der Sprechfehler ist an sich nichts Krankhaftes, nichts Pathologisches. Der gesündeste Mann ist in seiner gesündesten Stunde nicht sicher, sich zu versprechen«, schrieben Rudolf Meringer und Carl Mayer in ihrer Pionierarbeit über »Versprechen und Verlesen« aus dem Jahr 1895; schon über 100 Jahre früher hatte – um stante pede einen weiteren großen Mann ins Spiel zu bringen – Voltaire erkannt: »Die Notwendigkeit zu reden, die Bangigkeit, nichts zu sagen zu haben, und das Verlangen, Geist zu zeigen, sind drei Dinge, die selbst den größten Mann lächerlich machen können.«

Niemand ist vollkommen. Niemand ist in der Lage, stets alle Feinheiten sprachlichen Ausdrucks gleichermaßen im Blick zu haben. Niemand ist dagegen immun, einmal danebenzugreifen, einem unbeabsichtigten Nebensinn Raum zu geben und ungewollte Vorstellungen zu erzeugen. So wie es dem Radioreporter Heinz Maegerlein widerfuhr, der bei der Direktübertragung einer Wintersportveranstaltung den legendären Satz losließ: »Tausende standen an den Hängen und Pisten.«

Fehler sind eben nicht nur schlecht, sondern auch gut. Sie

können für Spaß sorgen, sie können auf neue Gedanken führen, also schöpferische Wirkung entfalten, und sie können unbeabsichtigt eine tiefere Wahrheit zum Ausdruck bringen. Wenn der Fußballer Bruno Labbadia meint, eine Sache werde »von den Medien hochsterilisiert«, so klingt in diesem Lapsus linguae nebenbei die Ahnung an, dass die Medien eine eigene Wirklichkeit erschaffen, sich in ihrer speziellen Welt bewegen. Oder ein vom Fußballer Andreas Brehme dahergeplappertes »Ich sag mal, sag ich mal« parodiert auf unübertreffliche Art eine Phrase durch sich selbst, überbietet eine gedankenlose Floskel durch noch mehr Gedankenlosigkeit und macht sie eben dadurch als solche kenntlich. Dünkel angesichts solcher Stilblüten ist also unangebracht, eher schon: Dankbarkeit.

Bisweilen kommt es auch vor, dass eine lächerliche Äußerung später fast normal, beinah wie eine Vorwegnahme späterer Erkenntnisse oder jedenfalls Standpunkte erscheint. So veröffentlichte Juliet Lowell in ihrer Sammlung unfreiwillig komischer Briefe (›Lieber Herr Doktor!‹, 1968) diesen: »Geehrte Herren, Sie suchen eine Köchin und eine Putzfrau, männlich oder weiblich. Da ich beides bin, biete ich Ihnen hiermit meine Dienste an.« In Anbetracht heutiger Geschlechterdiskussionen klingt das womöglich nicht mehr ganz so abwegig – allerdings kann man es auch als vorweggenommene Parodie auf ebendiese Genderfragen verstehen.

Dass umgekehrt ernste Dinge im Lauf der Zeit komisch werden, dafür bietet die Wissenschaftsgeschichte reichlich Belegmaterial. Ebenso zeigt die Redeweise von der »Ironie der Geschichte«, dass historische Entscheidungen komischerweise anders als gedacht sich auswirken und geradezu gegenteilige Ergebnisse zeitigen können.

Unerwartete Folgen, ungeplanter Verlauf, ein nicht bezweckter Nebensinn, eine verrutschte Formulierung, die poetische Qualität einer Stilblüte: Das Skurrile, Bizarre, Verrückte und Verunglückte kann erfreuen, beflügeln und klüger machen. »Stilblüten sammeln sollte nur, wer ein Liebhaber ist«, dekretierte Karl Kraus. »Sie auszujäten zeugt von schlechtem Geschmack, von einem, der da wünscht, dass in der Zeitung nur korrekte Phrasen wachsen. Stilblüten sind die glücklichen Ausnahmen, denen wir in der Wüste der Erkenntnis begegnen.«

Was nicht nur für Stilblüten gilt. Fehler überhaupt, insbesondere die zum Lachen oder Schmunzeln taugen, sind das Salz des Lebens. Oder wie Fred Rauch im Nachgang zu seiner 1979 veröffentlichten Sammlung von Radioversprechern ›Mit dem Gongschlag ist es 6 Mark 30!‹ kurz und schlicht festhält: »Sie machen den grauen Alltag bunter und setzen dem ernsten Leben kleine Lichtpunkte auf.« Kleine Lichtpunkte, die die Welt erstrahlen lassen.

Peter Köhler

Ausgewählte Literatur

Abseits ist, wenn der Schiedsrichter pfeift. Neue Weisheiten aus der Welt des Fußballs. Hg. v. Frank Langenfeld. Göttingen 2002

Abseitsfalle. »Der spielt wie 'ne Parkuhr«. Hg. v. Torsten Schilling. Leipzig 2005

Alles durch einander. Eine Sammlung komischer Briefe, Parodieen, Zeitungsannoncen, Räthseln und Späßen aller Art. 2 Bände. Berlin 1830/1832

Felix Anschütz/Nico Degenkolb/Krischan Dietmaier/Thomas Neumann: *Entschuldigung, sind Sie die Wurst? Deutschland im O-Ton. Das Beste von belauscht.de.* München 2009

Äolsharfen-Almanach. Band 3. Hg. vom Allgemeinen Deutschen Reimverein und Hunold Müller von der Havel. Berlin 1896

Nigel Blundell: *Die größten Irrtümer der Welt.* Deutsch von Andreas Heering. München 1986

Das Buch zum Lachen oder Witze, Einfälle und Lächerlichkeiten der neuesten Zeit. An's Licht gestellt und allen Freunden der heiteren Laune gewidmet von Hilarius Jocosus Federkiel. Quedlinburg und Leipzig 1830

Bernd Ellermann: *Füße nicht auf die leichte Schulter nehmen. 1000 Presseblüten.* Rosenheim 1985

Voller Ernst. Komische Fotos. Hg. v. Ernst Volland. Oldenburg 2003

Ernstgemeint! Entgleisungen in Poesie und Prosa. Hg. v. Ernst Heimeran. München ⁴1940

Vom Feeling her ein gutes Gefühl. Rhetorische Spitzenleistungen in der Welt des Fußballs oder Fußballdeutsch für fortgeschrittene Ausländer. Ein Wortsalat, angerichtet und mit einem kommentierten Personenregister versehen von Klaus Bittermann. Berlin 1999. Revidierte Neuausgabe ebd. 2002

Frank Franke: *Knoten in der Zunge. Die witzigsten Versprecher und Stilblüten aus dem Radio.* Niedernhausen/Taunus 1996

Sigmund Freud: *Zur Psychopathologie des Alltagslebens. Über Vergessen, Versprechen, Vergreifen, Aberglauben und Irrtum.* Frankfurt/Main 1954 [Erstausgabe: 1901]

Johann Georg August Galletti: *Das größte Insekt ist der Elefant. Professor Gallettis sämtliche Kathederblüten.* Hg. v. Helmut Minkowski. München 1965

Hans-Martin Gauger: *Na also, sprach Zarathustra. Neue Sprachwitze.* München 2014

Ein Geräusch klopft an die Tür. Die witzigsten Sprachpannen aus 25 Jahren Deutschunterricht. Hg. v. Werner Vogel. Wien 2014

Karl Gerold: *Ein Leben lang.* Hg. v. Heinrich Rumpel. 2 Bände. Zürich 1970

Globetrottel sucht Urlaubspartnerin. Stilblüten. Hg. v. Bernd und Uta Ellermann. München 1990

Goldene Worte des Unsinns. Unbewußte Dummheiten beim Denken, Reden und Schreiben. Hg. v. Joachim G. Leithäuser. Berlin o. J.

Norbert Golluch: *Stirbt ein Bediensteter während der Dienstreise, so ist damit die Dienstreise beendet. Meisterleistungen der Beamtensprache.* Frankfurt/Main 2010

Grabschriften und Marterln. Hg. v. Ludwig von Hörmann. Leipzig 1898

»*Grammophon ist kein Vorname*«*. Spitzentöne aus dem Juristentrichter.* Hg. v. Rudolf Welser. Wien 1985

Axel Hacke/Michael Sowa: *Der weiße Neger Wumbaba. Kleines Handbuch des Verhörens.* München 2004

Jürgen H. Hahn: *Jetzt zieh den Zipfel durch die Masche. Das Buch der Gebrauchsanweisungen.* Zürich 1994

Hans Halter: *Ich habe meine Sache hier getan. Leben und letzte Worte berühmter Frauen und Männer.* Berlin 2007

Hand aufs Hemd. Neues aus dem reichen Schatz des unfreiwilligen Humors. Hg. v. Ernst Heimeran. München 1976

Roland Hanewald: *Kauderwelsch. Spaß mit Sprachen.* Bielefeld/Brackwede 1995

Gottfried Heindl/Herbert Schambeck: *Advokaten sind wie Adler oder Juristen in Geschichten und Anekdoten.* Wien 1979

Falk van Helsing: *Käse ist Käse im Sinne der Käseverordnung. Die kuriosesten juristischen Definitionen.* Frankfurt/Main 2010

Eckhard Henscheid/Gerhard Henschel/Brigitte Kronauer: *Kulturgeschichte der Mißverständnisse. Studien zum Geistesleben.* Stuttgart 1997

Sehr geehrter Herr Firma! Stilblüten aus amtlichen und privaten Schreiben. Hg. v. Margit und Emil Waas. München 1976

Christian Hesse: *Das kleine Einmaleins des klaren Denkens. 22 Denkwerkzeuge für ein besseres Leben.* München 2009

Ders.: *Was Einstein seinem Papagei erzählte. Die besten Witze aus der Wissenschaft.* München 2013

Unfreiwilliger Humor. Hg. v. Ernst Heimerlerteufel. München 1935

Unfreiwilliger Humor. Stilblüten, Kathederblüten, Druckfehlerteufel, Amtsschimmel, Kindermund, Gallettiana, Kempneriana, Vergaloppierte Schulaufsätze u. Schulbücher, Gedichte Ludwigs I. Verballhornte Buchtitel und Entgleisungen aus Poesie und Prosa. [Hg. v. Ernst Heimeran.] München 1957

Der Hund wedelte, was sein Schwanz hergab … Kapriolen verhinderter Bestseller-Autoren. Hg. v. Egon G. Schleinitz. Heidenheim 1972

Jean-Charles: *Knilche bleiben Knilche. Stilblüten von großen und kleinen Leuten.* Aus dem Französischen von Siegfried Kadner. Reinbek 1973

Ders.: *Knilche sterben niemals aus. Aus dem Kindermund von kleinen und großen Leuten.* Aus dem Französischen von Hermann Schreiber. Reinbek bei Hamburg 1974

Kampf der Giganten. Die große Schlacht im Bundestag. Originalzitate unserer Politiker. Bunt und unerwartet gemischt. Schnitt/Mischung: Peter Westphal. Schallplatte. Frankfurt/Main o. J. [1980er Jahre]

Lebende Karpfen – auch geteilt. Ein Kunterbunt unfreiwilligen Humors aus Büchern, Zeitungen, Gesetzblättern, Protokollen, Prospekten, Poesiealben, guten Stuben und schlechten Schaufenstern. Hg. v. Heinz Seydel. Berlin/DDR 1973

Friederike Kempner: *Die sämtlichen Gedichte der Friederike Kempner.* Mit einem Nachwort von Peter Horst Neumann. Bremen 1964

Werner Koczwara: *Am achten Tag schuf Gott den Rechtsanwalt. Das Hausbuch juristischer Hochkomik.* München 2010

[Helmut Kohl:] *Bahnbrechende Worte von Kanzler Kohl.* Hg. v. Klaus Staeck. Göttingen 1985

Außen Kohl, innen hohl. Ein satirischer Zitaten-Spiegel. Hg. v. Karl Riha und Beate Otto. Zürich 1995

Philipp Köster: *Fast jedes Tor ein Treffer. Wahrheiten aus der Welt des Fußballs.* Reinbek bei Hamburg 2006

Helen Leuninger: *Danke und Tschüs fürs Mitnehmen. Neue gesammelte Versprecher.* Zürich 1996

Dies.: *Reden ist Schweigen, Silber ist Gold. Gesammelte Versprecher.* Zürich 1993

Heinrich Lübke ... *redet für Deutschland. Pardon verteidigt den Bundespräsidenten.* Schallplatte. Frankfurt/Main o. J. [1960er Jahre]

[Heinrich Lübke:] *Worte des Vorsitzenden Heinrich. Für den deutschen Menschen gesammelt von den Gebrüdern Grimmig.* München 1968

[Ludwig I. von Bayern:] *Gedichte des Königs Ludwig von Bayern.* 4 Bände. München 1829–1847

Lukasburger Stilblüten. Aus den Aufsätzen der Kleinen für den Stammtisch der Großen. Heiteres aus der Praxis. 1921–1948. Hg. v. Wolfgang Krämer. München ⁹1958

Rudolf Meringer/Carl Mayer: *Versprechen und Verlesen. Eine psychologisch-linguistische Studie.* Stuttgart 1895

Gerhart Herrmann Mostar: *Friederike Kempner, der schlesische Schwan. Das Genie der unfreiwilligen Komik.* München 1965

Rolf Arnold Müller: *Komik und Satire.* Zürich 1973

Museum des Witzes, der Laune, des Scherzes und der Satyre. Hg. v. Heinrich Philipp Petri. 2 Bände. Berlin 1825

Neues Museum des Witzes, der Laune und der Satyre. Hg. v. Heinr. Phil. Petri. 3 Bände. Berlin 1822–1824

Herbert Nette: *»Hier kann ich doch nicht bleiben«. Eine Sammlung letzter Worte.* München 1983

Fritz Nötzold: *Johanna gewappnet mit bannendem Blick oder Du dunkelgrüner Lorbeer bists.* München o. J.

Aus dem umgestülpten Papierkorb der Weltpresse. Hg. v. Robert E. Lembke und Ingrid Andrae-Howe. München 1977

Jule Philippi: *Wir müssen den Kindern mehr Deutsch lernen.* Reinbek bei Hamburg 2005

Professor Mammuts Stilblüten. München 1999

Fred Rauch: *Mit dem Gongschlag ist es 6 Mark 30! Versprecher, Verhörer, Stilblüten.* Rosenheim 1979

Markus Reckewitz: *Es war die Hand Gottes! Kleine Bibel der Fußballsprüche.* Berlin 2012

Ben Redelings: *Tausche Schwester gegen Endspielkarte. Das ultimative Buch der Fußballweisheiten.* Band 2. Göttingen 2012

Ders.: *Ein Tor würde dem Spiel gut tun. Das ultimative Buch der Fußballweisheiten.* Göttingen 2006

Ernst Röhl: *Esel sei der Mensch. Der größte Quatsch des Jahrhunderts.* Berlin 1995

Felix Schloemp: *Die meschuggene Ente. Die 200 lustigsten Enten, die im Blätterwalde deutscher Zeitungen unfreiwillig ausgebrütet worden sind. In Freiheit dressiert und vorgeführt von Felix Schloemp.* München/Leipzig [11]1909

Julie Schrader: *Laßt Amor schießen, wann er will. Poeme, Briefe und Stücke des Welfischen Schwans.* Hg. v. Berndt W. Wessling. Hannover 1989

Die Schule wird von einem Reaktor geleitet. Professor Mammuts neueste Stilblüten. München 1985

F. W. Schumann: *Kuriositäten. Eine Sammlung von komischen Aufsätzen und Druckfehlern, lächerlichen Bekanntmachungen, drolligen Briefen, schnurrigen Einfällen und merkwürdigen Predigten u. s. w. Freunden des Frohsinns und der guten Laune, als ein Präservativ gegen die Cholera, gewidmet.* Weimar 1832

Johann Ulrich Schwindrazheim: *Kasualgedichte eines Wirtembergers.* Stuttgart 1782

Christian Sprang/Matthias Nöllke: *Aus die Maus. Ungewöhnliche Todesanzeigen. / Wir sind unfassbar. Neue ungewöhnliche Todesanzeigen.* Köln 2011

Dumme Sprüche für alle Fälle. Augsburg [2]2003

Mary Stirnemann-Zysset: *Sonnenschein ins tägliche Leben. Gedichte.* Zürich 1965

Übelsetzungen. Sprachpannen aus aller Welt. München 2007

Unsere zweite Tochter ist wieder ein Mädchen. Stilblüten, wie sie das Leben schrieb. Hg. v. Bernd Ellermann. München 1987

Unterhaltendes Universal-Brimborium oder Die Tonne der närrischen Weisheit. Original-Beiträge zur jovialen Unterhaltung. Carricaturen-Bazar von F. E. Moll. Hg. v. Ferdinand Harth. Berlin 1844

Ernst Volland: *Volland's komischer Fotokalender 1988.* Frankfurt/M. 1987

David Wallechinsky/Irving & Amy Wallace: *Rowohlts Bunte Liste.* Verantwortlich für die deutschen Beiträge: Christine Brinck. Deutsch von Niko Hansen, Christine Brinck, Jens Petersen. Reinbek bei Hamburg 1980

Hartmut Walsdorff: *Vor Gott sind alle Menschen bleich.* München 1997

Sie müssen nur die Welle durch die Tülle schieben. Kuriose Gebrauchsanweisungen. Hg. v. Wolf Alexander Hanisch. Reinbek bei Hamburg 1993

Am wichtigsten ist, was hinten rauskommt. Das große Buch der Stilblüten aus Schule, Presse, Politik, Justiz, Behörden, Büros und Literatur. Hg. v. Michael Hallstatt. München 1986

Günther Willen: *Füße hoch, das Niveau steigt. Schlagfertige Sprüche und faule Ausreden für jede Gelegenheit.* München 2013

WimS woher, in: Robert Gernhardt/F. W. Bernstein/ F. K. Waechter: *Welt im Spiegel. WimS 1964–1976.* Frankfurt/Main 1979. S. 409–449

Wünschelruthe. Ein Zeitblatt. Hg. v. Heinrich Straube und Johann Peter von Hornthal. Göttingen 1818

Zeugen liegen bei. Stilblüten aus Polizeiberichten und Gerichtsverhandlungen. Hg. v. Boris Wittich. München 1976

Peter Zudeick: *»Ich bejahe diese Frage mit Ja«. Die famosen Leistungen unserer Damen und Herren Politiker.* Frankfurt/Main 2011

Periodika

Eulenspiegel (insbesondere die Rubrik »Fehlanzeiger«)

Der Spiegel (insbesondere die Rubrik »Hohlspiegel«)

SPAM auf Spiegel online

die tageszeitung (insbesondere die Satireseite »Die Wahrheit«)

Titanic

Dank

Der Herausgeber dankt insbesondere: Andrea Clages, Birgit Fricke, Axel Haase, Dominika Hryniewicz, Christina Köhler, Klaus Pawlowski, Jürgen Röhling, Thomas Schaefer, Hardy Siedler, Lara Tunnat, Hannelore Ullrich, Reinhard Umbach sowie Herrn Wesendonk.